高职院校图书馆
阅读推广实践研究

邓己红　著

中国商务出版社
CHINA COMMERCE AND TRADE PRESS

图书在版编目（CIP）数据

高职院校图书馆阅读推广实践研究 / 邓己红著 . --
北京 : 中国商务出版社，2019.6
ISBN 978-7-5103-2914-2

Ⅰ . ①高⋯ Ⅱ . ①邓⋯ Ⅲ . ①高等职业教育－院校图
书馆－读书活动－研究 Ⅳ . ① G258.6 ② G252.17

中国版本图书馆 CIP 数据核字（2019）第 122794 号

高职院校图书馆阅读推广实践研究
GAOZHI YUANXIAO TUSHUGUAN YUEDU TUIGUANG SHIJIAN YANJIU

邓己红　著

出　　版：中国商务出版社

地　　址：北京市东城区安定门外大街东后巷 28 号　　邮编：100710

责任部门：商务事业部（010-64515163）

责任编辑：汪沁

总 发 行：中国商务出版社发行部（010-64266193　64515150）

网　　址：http://www.cctpress.com

邮　　箱：cctp@cctpress.com

排　　版：湖北三新文化传媒有限公司

印　　刷：武汉市卓源印务有限公司

开　　本：700 毫米 ×1000 毫米　1/16

印　　张：10.75　　　　　　　　　　字　　数：154 千字

版　　次：2019 年 6 月第 1 版　　　　印　　次：2019 年 6 月第 1 次印刷

书　　号：ISBN 978-7-5103-2914-2

定　　价：59.00 元

前　言

自 2014 年政府工作报告以来连续多年提到阅读推广，全国掀起了一股阅读推广潮，很多图书馆纷纷设立阅读推广部，由专人负责开展各类阅读推广活动。在这股大潮中，产生了一批有代表性值得学习的阅读推广优秀案例。与高校图书馆本科生高涨的阅读热情相反，高职院校学生缺乏主动性，因此，很有必要开展各类阅读推广活动促进高职院校学生养成阅读习惯，爱上阅读，爱上图书馆。随着手机的应用，学生使用图书馆借阅率逐年递减，学生们浅阅读和网络阅读盛行，如何引导学生进图书馆并养成阅读习惯，这对于高职院校图书馆而言是一个迫切需要解决的问题。广西建设职业技术学院图书馆也面临同样的问题，学生素质整体下降，学院新旧校区的替换搬迁，导致学生的借阅率逐年递减。

2016 年 7 月，广西建设职业技术学院图书馆作为最后一批搬迁到新校区的部门，标志着一个学校重新开始。这时新校区还在不断建设中，图书馆尚未建设好，学院把实训楼中间的一二楼架空层暂时作为图书馆临时办公地。这块地方总面积 2000 多平方米，一楼作为书库，存放图书馆全部纸质图书，书架上放满了图书。二楼是电子阅览室和报刊阅览室，用于读者阅读。2017 年 9 月，学院阅读体验中心成立，改善了校园整体的阅读环境，总体而言，学生对于图书馆的概念也就是这两块地方。在这种阅读环境下，想要吸引学生来图书馆借阅图书，养成良好的阅读习惯是比较艰难的。

在与学生沟通交流中，总被学生对阅读的懵懵懂懂，想提高阅读能力却又无从下手的无奈无助感所影响，总想尽个人力量为这些学生做点什么，能引导他们在阅读道路上向前一步或走得更远些。虽说笔者不是阅读专家，在阅读方面也存在许多疑惑或者不断提升的地方，可作为在图书馆工作 15 年的老师，与书打交道 15 年，没有点"经验"那也是一种推脱，更是对工作的一种不负责任。本人在图书馆工作中，一直都在关注学生的阅读习惯、阅读倾向以及阅读能力，关心他们喜欢的图书种类，也一直都希望能走进他们，成为他们的好朋友，跟他们一起谈谈阅读，与他们一起读读书。基于这样的情怀，我走进学生，希望多开展一些学生喜欢的读书活动帮助他们养成阅读习惯，提高阅读水平，能在书中找到心灵一方净土。

我在 2004~2012 年主要负责图书分编，2012—2016 年主要负责图书采访，2016 年至今主要负责图书分编和阅读推广，在负责分编工作中我主动开展主题书展活动。随着全民阅读推广活动的火爆开展，2016 年我作为读者爱好者协会的指导老师，在指导协会读书活动过程中所开展各类读书活动渐渐得到学生的喜欢，也在指导活动中慢慢积累起了经验，这就有了后来的"同读一本书""阅读马拉松""朗读者"等一系列深受学生喜欢的阅读活动。

2004 年底我获得教师资格证，2005 年上半年开始给学生上信息检索课，以及每年的新生入馆教育，虽说我的岗位工作是采购分编，接触的学生面不多，但通过教学或其他的途径一直都与学生接触，相对而言学生整体阅读素质的变化也是深有感触的：从原来每年 4.23 世界读书日开展一些简单的读书活动到现在全校推广阅读活动，每个学期至少两次大型全校性的读书活动，参与的人数由原来的一百来人到现在一千多人次，这个变化让我深深感受到高职院校图书馆阅读推广活动的魅力。

在图书馆工作 15 年，无论在哪个岗位工作，工作内容虽有变化，学生也在不断更替，但作为一名图书馆员，唯一不变的就是对所有学生服务的宗旨不变，培养他们的阅读兴趣，提高阅读能力。奔着这个宗旨，我在工作中尝试开展各类阅读活动。本书就是笔者结合这三年来具体开展的阅读活动而成，存在许多不足，但不忘初心，励志前行的决心促成本书，希望它能抛砖引玉，引来同行提供更多优秀的阅读活动案例，相互学习，创新更多优秀阅读活动。

邓己红

2019.3.15

目　录

第一章　高职院校阅读推广

第一节　高职院校与高职生

一、高职院校

"高职"的全称是高等职业教育，简称高职。简单地说可以用三句话来概括：它是高等教育；它是职业技术教育；它是职业技术教育的高等阶段。高职教育以培养技术型人才为主要目标，培养的人才既具有大学知识，又具有一定专业技术和技能。通俗地讲就是，以能用为度，实用为本。

高等职业教育包括专科和本科两个学历教育层次，高职学生毕业时颁发国家承认学历的普通高等学校专科和本科毕业证书，并享受普通高校毕业生的一切待遇。高职是专科教育，"高职"和"专科"的毕业证书均属国家承认的专科毕业证书，两者只是侧重不同，无本质差别。专科更注重理论培养，而高职是高等职业技术教育，更注重学生动手能力和专业技能的培养。

根据教育部相关规定，从 20 世纪末起，非师范、非医学、非公安类的专科层次全日制普通高等学校逐步规范校名后缀为"职业技术学院"或"职业学院"，而师范、医学、公安类的专科层次全日制普通高等学校则应规范校名后缀为"高等专科学校"。"职业技术学院"或"职业学院"为高职院校的特有校名后缀，是中国高等教育的重要组成部分。

高职院校的特征有以下几点：① 使学生具备必要理论知识和科学文化基

础，熟练掌握主干技术，侧重实际应用；② 侧重相关知识的综合运用；③ 培养学生的表达能力、与人沟通、合作共事的能力；④ 重视实务知识的学习，强化职业技能的训练。

高职院校以培养技术型人才为主要目标，即目标是实用性，是在完全中等教育的基础上培养出一批具有高等教育知识，而又有一定专业技术技能的人才，讲授知识以能用为度，实用为本。

二、高职生

高职生的招生对象有高中毕业生和中专、职校、技校的毕业生。近三年来，高职高专录取最低控制分数线理工类、文史类在 200 分左右，相对本科线的分数低很多，更是无法跟一本线的分数比。个人将来的成就可能与高考分数线不一定成正比，但高考的分数至少能代表高职生在学习能力方面的程度。自 2005 年国家正式实施单招以来（单招即单独招生，是国家授权高职院校独立组织考试录取的一种人才选拔方式），参加单招的高职院校逐年增加，招生规模也不断扩大，可以预见，未来高职院校将有一半以上的学生来源于单招。而单招学生的生源复杂，部分学生由于没有接受过正规的高中阶段的教育，在学习习惯、学习自信、行为方式、自我约束能力等方面都不同于普招学生。

国家为改革完善高职院校考试招生办法，鼓励更多应届高中毕业生、退役军人、下岗职工、农民工等报考，2019 年大规模扩招 100 万人。[①]

高职生有以下特点：

第一，性格外向，个性张扬，表现欲望强烈，热衷于参加各种文体活动，但在集体活动中，喜欢以自我为中心，集体荣誉感不强，逆反心理强，不能严格遵守校规校纪。

第二，自信不足，意志薄弱。没有良好的学习习惯，自制力较差。因高

---

① 李克强：今年高职院校大规模扩招 100 万人 . http://news.sina.com.cn/o/2019-03-05/doc-ihrfqzkc1259001.shtml

职生招生来源于不同层次，整体上学习能力低。

第三，思维活跃，接受力强。高职生思维敏捷，尽管基础知识薄弱，但实践动手能力很强，处理问题反应迅速。对新鲜事物接受能力强，喜欢探索，兴趣比较广泛。

第四，情感丰富，善于沟通。高职生正处于青春期，情感细腻丰富，能够和教师情感交流。但又自尊敏感，部分学生有自卑心理。

第五，好强，不服输，竞争意识强烈，求胜欲望强。喜欢与同龄同学比较，不仅在吃穿用度上进行比较，也在学业、能力上比较。

基于对高职院校高职生的分析，高职院校图书馆在开展阅读推广活动中应注意结合学生的特点以及需求层次，这样开展起来更受学生的喜爱和积极参与。[①]

第二节　阅读推广与阅读活动

一、阅读推广

王丹、范并思在《图书馆阅读推广基础理论流派及其分析》一文中根据学者们提出的阅读推广概念，梳理阅读推广理论，将其划分为 4 个大类、8 个流派：其中使命类——使命说的代表人物是吴晞；实践类——活动说的代表人物是张怀涛、王余光、王波等几位学者，工作说的代表人物是万行明和王辛培，服务说的代表人物是范并思，实践说的代表人物是谢蓉、刘炜和赵珊珊；休闲类——休闲说的代表人物是于良芝；学科类——"阅读学"说的代表人物是徐雁，"传播学"说的代表人物是谢蓉、刘开琼。每个类别都有不同的性质，多个理论共存恰好反映阅读推广的新颖性和多面性。[②]

---

① 乔冻梅．高职院校单招学生心理特点及教育对策探析 [J]．才智，2019：56．

② 王丹，范并思．图书馆阅读推广基础理论流派及其分析 [J]．大学图书馆学报，2016 （4）：23-29．

王波在《图书馆时尚阅读推广》一书中将"阅读推广"定义为：阅读推广就是为了推动人人阅读，以提高人类文化素质、提升各民族软实力、加快各国富强和民族振兴的进程为战略目标，由各国机构和个人开展的旨在培养民众的阅读兴趣、阅读习惯，提高民众的阅读质量、阅读能力、阅读效果的活动。在该定义中，培养民众的阅读兴趣、阅读习惯，提高民众的阅读质量、阅读能力、阅读效果这五个概念，在阅读推广活动中具有最大的通约性，认为一切阅读推广活动都是围绕着这五个范畴来开展。[①]

培养阅读兴趣，解决的是阅读的动力问题，是其他阅读活动的前提；一个人只有培养了阅读兴趣，才可能终生具有阅读饥饿感，对阅读充满激情。培养阅读习惯，解决的是阅读的惯性、持久性问题；一个人只有养成阅读习惯，才会把阅读作为一种生活方式，像对待空气和水一样，须臾不可与之分离。这种生活方式和工作方式的结合，正如李克强总理所言，将会变成一种强大的创新力量和道德力量。

提高阅读质量，解决的是阅读的内容和品位问题；人生有涯，而知识无涯，以有涯人生面对无涯知识，只能择善而读，所以读书需要挑选，读书需要引导，一切关于好书的出版、推荐、导读工作，都是为了提高人们的阅读质量。

提高阅读能力，解决的是阅读的方法和技巧问题，也就是解决阅读的效率问题。不管是一目十行读书法、对角线读书法，还是蚕吃桑叶式读书法，不求甚解读书法等等，都各有优点，要把各种各样的加快阅读效率的方法教给读者。

提高阅读效果，解决的是阅读的理解水平问题，即阅读的消化、吸收问题。阅读的最终目的是吸收读物的内容，实现阅读目标。阅读推广服务于所有正当的阅读目的，不管是功利阅读还是休闲阅读，都不应该是阅读推广歧视或嘲讽的对象，阅读推广活动应该帮助各种怀揣正当阅读目标的读者实现

---

① 王波. 图书馆时尚阅读推广 [M]. 北京：朝华出版社，2015（9）.

其理想。[①]

关于阅读推广，国内外并没有特别明确的定义，有人提出"阅读推广就是激发人们对阅读的热爱"。有人提出阅读推广和图书推广是不同的概念，有人认为阅读推广更加强调阅读的乐趣。有学者认为，阅读推广的目的在于使读者更好地阅读，推广个人阅读经验，发觉阅读的快乐之处，因此，阅读推广也可以是书籍推广、读者推广、阅读意识的推广，但其最终目的都是推广阅读。

在赵俊玲主编的《阅读推广：理念.方法.案例》一书中把阅读推广分四个方面来理解，分别是阅读推广主体、阅读推广客体、阅读推广对象、阅读推广方式，也就是说谁来推广、推广什么、向谁推广和如何推广的问题。认为阅读推广主体是特定阅读推广项目的策划者、组织者、实施者和管理者。阅读推广客体是指要推广什么，认为阅读推广的客体应该是阅读读物、阅读能力和阅读兴趣三者的结合。阅读推广对象即阅读推广项目的目标群体。阅读推广方式是指采用哪种方式、策略向特定目标群体进行推广。在这四方面中，阅读推广对象是阅读推广的核心。阅读客体和阅读推广方式都要围绕推广对象展开，不同的目标群体，其阅读推广的读物选择、阅读推广的侧重点都会有所区别。[②]

笔者比较赞同赵俊玲提出的阅读推广主体、客体、对象、方式四个方面以及王波提出的阅读推广目的在于培养阅读兴趣、阅读习惯、提高阅读质量、阅读能力、阅读效果这五个方面。高职院校开展阅读推广应该以阅读推广主体、阅读推广客体、阅读推广对象和阅读推广方式这四个方面为出发点开展读书活动，培养高职生的阅读兴趣、阅读习惯，阅读质量、阅读能力、阅读效果。

---

① 王波.图书馆时尚阅读推广[M].北京：朝华出版社，2015（9）.
② 赵俊玲，郭腊梅，杨绍志.阅读推广：理念.方法.案例[M].北京：国家图书馆出版社，2016（3）.

二、阅读活动

活动说的学者认为阅读推广最鲜明的特征就是活动化，阅读推广顾名思义就是指阅读推广活动。活动有规划，需要精心策划、设计、组织、实施以及评估。阅读活动也是如此。阅读活动的开展需要有活动方案、活动宣传、活动组织、活动实施、活动评价。

1995 年联合国教科文组织正式确定并设立每年的 4 月 23 日为"世界图书与出版日"即世界读书日，以推动更多的人参与到阅读和写作中去。在联合国教科文组织的号召和带动下，世界上许多国家纷纷开展阅读活动，以引导读者养成良好的阅读习惯。我国每年在 4 月期间开展各类读书活动，以引导全民阅读。很多图书馆为响应 4.23 世界读书日，在每年 4 月集中大量的精力开展各类阅读活动。而全民阅读是一种日常性行为，为保障图书馆开展阅读活动的持续性和连续性，图书馆离不开稳定的阅读推广机构和团队、阅读推广人以及开展活动的激励机制。

（一）阅读推广人

图书馆为顺应全民阅读这一趋势，纷纷设置专门负责阅读推广的部门，例如读者服务部、阅读推广部等，有专门的机构和人员负责阅读推广保证了开展阅读推广活动的连续性。对于高职院校图书馆而言，人员相对没有本科图书馆那么多，开展阅读推广的团队相对要单薄一些，但不影响阅读活动的开展，因为在阅读推广活动中，更需要的是优质的阅读推广人。

优质的阅读推广人须具有三点基本的素质：

第一，良好的职业品质。良好的职业品质包括高尚的职业道德，即具有一切为了读者服务的宗旨理念，这不是一句口号，而是要把宗旨落实到阅读活动中去。这样开展的阅读活动才是真正从读者需求的角度为根本出发点，以提高读者的阅读兴趣、阅读习惯以及阅读能力等为目标的阅读活动，脱离这个宗旨开展的阅读活动要不就是为了提高借阅量，要不就是哗众取宠，并不能持续开展下去。

第二，娴熟的图书馆学专业知识和管理知识。高职院校图书馆阅读推广人为本校学生推荐好书，不能直接转发网上流行的好书榜，也不能简单照搬出版机构的畅销书目，或者其他单位或高校的推荐书目。推荐书目要根据本校学生的特点、认知水平、从本校读者实际情况进行推荐。在笔者与学生多年的接触中，了解到只有学生感兴趣的主题书目学生才会真正借阅，例如很多男生喜欢看科幻小说，作为阅读推广人可以给学生推荐优秀的科幻小说类图书供其阅读，学生在阅读的过程中遇到疑惑并能解惑答疑。

第三，阅读推广人必须具有较好的活动策划、组织、评估以及公关能力。阅读活动主题的拟定、活动的设计、工作任务的分配、阅读活动方案的撰写、经费预算的制定和阅读活动的布置等等，都需要阅读推广人具有较好的活动策划、组织能力。评估能力体现为：阅读活动结束后能及时对活动效果进行评估，从读者满意度和阅读效果出发，对学生不太积极参与的阅读活动及时进行调整，让学生喜爱的阅读活动持续开展下去。阅读推广人的公共能力也非常重要，与学校其他部门、其他院系共同开展阅读活动时相互协调相互配合更是需要公关能力。

（二）激励机制

在高职院校开展阅读活动还离不开激励机制，激励机制不仅仅有精神鼓励还要有物质奖励，更离不开阅读积分的支持。

精神鼓励，每次开展竞赛性的阅读活动根据报名人数按照一定的比例设置奖项。一等奖、二等奖、三等奖、鼓励奖等不同等级的荣誉证书都是校级荣誉，以学校的名义颁发给参赛者，这对于参赛的学生而言，校级荣誉证书不仅在找工作时可以用来证明个人能力，也是在学校各项评优评先的依据。如广西建设职业技术学院的《大学生手册》中就明确规定，参加文艺演出、征文比赛、调查报告、演讲比赛、辩论赛、非专业知识竞赛等获奖分别按照等级加分标准给予加分，其中校级级别的一等奖可以加10分，二等奖可以加8分，三等奖可以加5分，鼓励奖可以加4分。所以图书馆开展的阅读活动都是针对全校学生的竞赛性活动，给予校级荣誉证书奖励。

物质奖励，顾名思义就是在物质上给予一定的奖励，奖品不一定要贵，它只是一种鼓励形式，例如书签、笔记本、书、伞等。笔者开展的阅读活动中对学生发放的物质奖励有：书、U盘、笔记本、杯子、伞、书签等都是一些价格低廉的小物品，但对于参赛的学生来说，这也是一种极大的鼓励，看着同学们心满意足的选中个人奖品时的那份喜悦，对于组织者也是一种安慰和鼓励。在学院第二届阅读马拉松比赛时，给一等奖学生发放的是图书奖品，其中一位学生选到自己喜欢的图书后，邀请笔者在书名页写下"不忘初心、方得始终"，表示非常喜欢阅读马拉松活动，这个活动能让她不忘阅读初心。"同读一本书"活动中我们给学生发放笔记本作为奖品，当学生看到我们的笔记本一致感慨这么大这么厚，表示自己参与的阅读活动是这么开心。伞也是如此，对于南宁的天气而言，遮阳伞是必备，通过参加阅读活动可以获得随时用的遮阳伞作为奖励是一种幸福。

阅读学分奖励，阅读学分是指学生在校学习期间，累计课外阅读图书数量和质量达到一定积分点数和参与读书活动达到一定积分点数，经申请认定后所获得的学分。阅读学分是广西建设职业技术学院第二课堂创新实践学分，这是为了进一步加强学院创新教育，实践育人工作，完善专业教学体系，倡导和鼓励学生积极参与科技创新、技能训练、专业竞赛及各类社会实践活动，激发和培养创新精神、创业意识和实践能力，提高人文素养，科学素质和艺术修养。

学生在第二课堂创新实践活动所取得的成绩，给予相应的学分，通过第二课堂获得的学分为创新实践学分，它是虚拟学分。在校学生获得的第二课堂创新实践学分可按照管理办法规定申请替代公共选修课程学分，即可将虚拟学分转换成专业教学计划中的实际学分。创新实践学分替代公共选修课程学分的方法是：每2个虚拟学分替换1个实际学分，最多有4个实际学分被替换，不可替换已通过或正在修读的公共选修课程学分。

阅读学分通过学生的课外阅读、参与读书活动取得的积分来评定。

积分具体评定方法如下：

（1）学生在学院确定的《广西建院学子推荐导读书目》中选择图书自主阅读，每阅读 1 本图书并提交 1 篇 500 字以上的读书心得，经审核确认后可获得 4 个积分。

（2）学生每参与 1 次学院各部门举办的读书活动（包括有奖征文活动、读书沙龙活动、读书讲座活动、经典诵读活动等），经审核确认后可获得 4 个积分，参与活动获一、二、三等奖的学生，分别可增加 4、3、2 个积分。

学生通过自主阅读与参与读书活动获得的积分，可进行相加。积分达到 20 分的获 1 个学分；积分达到 40 分的获 2 个学分；积分达到 60 分的获 3 个学分；积分达到 80 分的获 4 个学分；积分达到 120 分（含 120 分）以上的获 6 个学分。

阅读学分在我校是与创新创业学分一起属于第二课堂创新学分，对于高职院校而言，可能因学校的差异在阅读学分设计上有所不同，但把阅读学分制度作为阅读活动的一种奖励方式是值得借鉴的。每个学校图书馆根据本校的特点设立阅读学分制度。这种阅读学分制度，是图书馆按照一定的标准，将读者在一定时期内的阅读情况转化为相应数量的学分，读者按照学分的多少获得图书馆一定的奖励和享受一定服务的图书馆阅读管理制度，目的就在于通过阅读学分制这种形式来鼓励和奖励学生积极参加阅读活动。

第三节　高职院校阅读推广分析

一、阅读推广主体分析

（一）阅读推广主体

高职院校图书馆是信息文化中心，是学院学子阅读的重要场所，它的功能是保存人类文化遗产，开展信息素质教育，阅读推广、提供社会服务。其中，倡导阅读是图书馆开展教育的一个重要方面。图书馆是倡导和推进师生阅读最主要、最有力的组织者、实施者，是推进师生阅读的重要力量。

（二）阅读推广主体合作化和角色层次化

一个阅读推广活动需要各种不同的角色，包括活动的组织和实施者。阅读活动的组织主要包括对阅读活动进行规划，对资源进行整合，对相关机构进行指导。与学院各个系部的合作，例如学生处、团委，社团等。书香班级、书香宿舍、书香班级与学工处相互合作。学工处负责宣传、组织学生，图书馆负责开展阅读活动。阅读推广机构突破"阅读推广就是举办阅读活动"这种认识，专业阅读推广机构不仅仅是阅读活动的举办者，还应该成为阅读活动的指导者和组织者。不仅仅是读书活动的组织者，更是阅读活动的指导者和组织者。如学院城市建设与交通系负责学生工作的老师非常重视本系学生的阅读能力，经常请教图书馆的老师如何开展阅读活动。对图书馆开展的一些认为比较好的读书活动，也会在系里向全系的师生再开展一次。图书馆负责阅读推广的老师经常把阅读活动的方案与系部老师进行分享，并指导其开展阅读活动，图书馆也可以成为学院的阅读活动的指导者和组织者。

阅读推广活动需要一个强有力的推广组织机构来策划和组织各项活动。学校相关部门是高校阅读推广活动的领导机构，图书馆是当仁不让的阅读推广活动的直接组织者和实施者，学校社团和志愿者组织是重要的参与者。三者合作开展阅读推广工作，既能把握工作的主动性，又能节省图书馆的人力资源，充分调动读者参与的积极性，保证高校图书馆开展的阅读推广工作具有一定的有效性和持续性。其中，高校图书馆作为阅读推广主体，是整个学校阅读推广工作的关键。

二、阅读推广客体分析

客体是以图书为中心，不限载体的全部阅读资源，但不仅仅是图书，对于高职院校学生而言，学生的阅读兴趣、阅读习惯、阅读能力都是客体。阅读推广不仅仅对学生推广图书馆购买的图书和电子资源，更应该在对学生的阅读兴趣、阅读习惯、阅读质量、阅读能力以及阅读效果上重点进行培养。所以高职院校阅读推广的客体不仅包括图书馆的资源还包括学生的阅读兴趣和阅读习惯、阅读能力等。一个人没有阅读兴趣，即便他有阅读能力也会随之下降；一个人没有养成良好的阅读习惯，即便他有阅读兴趣，也经不住时间考验。没有阅读兴趣、阅读习惯，后面的阅读能力、阅读质量和阅读效果更是无从谈起。根据高职院校学生特点以及需求层次，对于阅读兴趣和阅读习惯的培养是重点也是难点。

三、阅读推广对象分析

高职院校学生本身作为大学生，具有大学生群体的心理特征，例如思维跳跃性、求知性、交替性、猎奇性特征，容易造成其选择时出现困惑和迷茫。长期以来，过于追求实用的阅读模式限制了学生眼界、视野、思维境界的发展，给阅读选择亦造成了一定障碍。同时，由于自身专业领域、知识深度及层次的不同，学生会因阅读能力、理解能力、思考能力未达到相应标准而无法开展深度阅读。碎片式的网络阅读占据了学生越来越多的时间，大多数学生拥有积极向上的阅读态度，对阅读的重要性给予充分肯定，但由于缺乏阅读的动力，导致阅读行为较为滞后。

一般而言，大部分高职院校学生的阅读面都比较窄，还有一部分学生只阅读自己感兴趣的杂文，而对于文学名著或者专业书籍持保留态度，就阅读行为而言没有问题，需要引导的是这部分学生中很多并不是不爱看优秀名著和专业书籍，而是不知道应该如何选择优秀名著或专业书籍。学生的阅读还具有盲目性和随机性，没有一定的阅读方向，也没有形成固定的阅读方式和阅读习惯。随着网络的影响，更多的学生现在喜欢阅读的是短小轻松、易于理解的"网文"，也就是"轻阅读""浅阅读"，阅读的质量跟不上去，对于内容的独立思考能力和深度阅读能力就会产生欠缺。整体而言，当前高职院校学生的阅读状况不容乐观，主要表现为：阅读量小，阅读功利性强，重网络阅读、轻纸本阅读、阅读通俗化、鸡汤化等。这些缺陷严重影响学生的阅读兴趣和深度，他们多为被动阅读，无法感受到读书的乐趣。但让人欣慰的是，现在大多数学生在阅读能力方面的自我期待较高，且能够认识到自身阅读能力的缺陷，希望通过专家指导或其他方式提升自身的阅读素养。因此，图书馆在阅读推广活动中要多动脑筋，面向高职院校学生读者开展有针对性的阅读活动和指导服务，组织一些学生感兴趣的活动来吸引其关注，以此来提高学生的阅读兴趣。

四、阅读推广方式

即以什么样的方式推广阅读，推广的策略需与图书馆馆藏资料推介相结合。图书馆丰富多样的资源是吸引学生来馆或使用的因素之一。在这个多元化选择的时代，图书馆应加强对资源主动推送的力度，吸引更多的人走进图书馆、了解图书馆、利用图书馆，推荐和编制适合学生的各类书目让学生了解图书馆馆藏资源。

阅读推广的策略要与图书馆服务相结合。图书馆的优质服务与阅读推广之间是相辅相成的关系。目前图书馆服务项目众多，借阅服务、推荐服务、试听服务、数据库服务、教学培训、文献传递、学科服务、读书活动等，有传统的服务项目，也有适应时代发展的创新服务。阅读推广活动的开展，必定对图书馆的形象有正面宣传的作用，促使更多的读者了解和使用这些服务。图书馆要结合这些服务，将图书馆的核心价值传递出去。

阅读推广要与读者需求相结合。阅读推广的目的是为了吸引读者的广泛参与，营造浓厚的校园书香氛围，养成良好的阅读习惯，让阅读成为亮丽的风景线。同时要充分考虑学生需求，只有结合学生的需求的阅读活动才能吸引学生积极参与，愉悦阅读。

高职院校阅读活动就是结合高职院校图书馆馆藏、图书馆服务和学生需求结合起来开展的阅读推广。在我校有针对学生感兴趣的主题书目、主题书展，有同伴互荐好书推荐，有培养阅读习惯的阅读马拉松比赛，有结合学生需求的朗读者，有开展阅读分享的同读一本书等等各种阅读活动吸引学生积极参与到图书馆的阅读推广活动中来。

总结起来，高职院校阅读推广的特点表现如下：

1. 学生的阅读主动性欠缺、对阅读活动的组织能力、实施能力欠缺，高职学生如果没有老师指导难以独立组织大型的读书活动。高职院校阅读活动需要图书馆牵头并主办开展。

2. 高职院校阅读推广在开展阅读活动中对于学生遇到的各种阅读问题能给予一定的指导和帮助，让学生在参加阅读活动实践中不断提高，学生的阅读素养得到提高，反过来又促使阅读推广人的提高。这样相互影响相互促进的阅读活动才能不断持续下去。

3. 阅读活动与图书馆的服务结合起来，图书馆传统服务如借阅服务，现在很多图书馆都采用自动借还机，这极大方便图书馆借阅服务。对于学生借阅的深度服务阅读推广人可以大有作为，例如了解学生喜欢图书的类型，并有针对性地进行推送推荐服务。阅读推广服务既可以针对图书馆传统服务进行深化，也可以创新图书馆服务。

4. 高职院校阅读推广的目的有很多方面，例如推荐图书馆优秀图书吸引更多学生来图书馆，利用图书馆丰富的资源或者舒适的环境，培养学生信息素养能力等，但高职院校阅读活动的开展更重要在于培养学生的阅读兴趣、阅读习惯。院校学生本身的认知水平决定了其阅读活动开展的层次。

5. 高职院校阅读推广活动的开展除了吸引学生来图书馆，提高学生的阅读能力，还能提高他们的逻辑思考、写作、表达、自我展示等方面能力，这样才能吸引学生更积极参加。

6. 高职院校阅读推广的读书活动须具有趣味性，并在其能力范围内适当增加难度，这样才能达到理想状态。在阅读活动的内容、方式等方面下功夫吸引学生积极参与。

7. 高职院校阅读推广活动的奖励性。激励机制分为奖励和惩罚，对于阅读推广活动惩罚相对使用的少，例如对于学生在借阅图书时超期或损坏的情况，图书馆要进行惩罚措施。在阅读活动中更多的是采用奖励措施。广西建设职业技术学院开展的许多阅读活动通过物质奖励、精神奖励和阅读学分奖励三者结合起来获得了学生的喜爱。在 4.23 世界读书日当天，到图书馆借阅图书前 50 名的读者可获得精美书签一枚等活动，这些奖励虽小，但对学生有一定的吸引力。

　　高职院校阅读推广是针对高职生这一特殊学生群体而开展的阅读推广，为什么说高职生是特殊群体呢？因为高职生虽然也是大学生，但与本科院校的大学生比较起来，由于高职院校在招生分数线、招生方式上，以及高职生在校的培养方式等体现其特殊性，其三年制的学籍制度产生的差异导致高职生在大学生队伍中表现出来的特殊性。对于这类特殊而又独特的大学生群体，高职院校图书馆在开展阅读推广中阅读活动在方案设计、时间安排、活动形式以及奖励方面等都有其特点和独特性。

第二章 "阅读马拉松"阅读推广

阅读马拉松是一项由"澳大利亚多发性硬化症协会（MSAustralia）"于1979年发起，通过看书帮助病人阅读的计划（MSReadation）。该项计划执行三十多年来，已经成为澳大利亚最大的全国性阅读募捐计划。阅读马拉松因为其用意良善，慢慢地席卷全世界，英国也有全国性的阅读马拉松计划，这项计划已在数以百万计的英国孩子心中种下了阅读种子。阅读马拉松计划将鼓励阅读和募款两大目标结合起来，被美国校园也发挥得淋漓尽致，如美国加利福尼亚州柏克莱的海洋景观小学的阅读马拉松，让越来越多孩子在人生的马拉松上，有书相伴，这是人生成长道路上的一大幸事。2014年上海市浦东新区发起的"30天，阅读马拉松——马上读书"的阅读马拉松大赛，通过参赛者在30天内看完一本书，每天按照1元收取计算，余额退换读者的方式提倡个人阅读，鼓励全民参与的形式，能给参与者提供丰富阅读的书籍，以此滋养心田的目的。21天阅读法则活动也是如此：据研究，养成一个好的习惯需要21天，阅读习惯也是如此，通过21天的正确重复练习，养成一个好的阅读习惯的一种方法。在我国高校里，真正让阅读马拉松火爆的是连续几个小时内看完一本书并回答完问题的阅读马拉松活动，它更考验的是阅读能力和阅读质量，对于阅读习惯的培养没有多大帮助。

高职院校学生学习自控能力相对差些，在阅读意志力方面也相对弱一些，阅读能力、阅读质量方面更是与本科院校大学生或社会上相对成熟的阅读者而言有很大的差距。高职院校学生喜欢轻阅读、浅阅读，图书馆引导高职学生养成阅读习惯是非常必要的，图书馆开展以养成阅读习惯为目标的读书活动，其中阅读马拉松活动就是最好的代表。

第一节　何为高职院校阅读马拉松

高职院校阅读马拉松活动与本科院校不一样，因为高职院校学生在阅读图书的深度没有本科生那么深，在图书的选择上更多的选择一些趣味性、鸡汤类图书，对于有一点深度的图书要求高职生连续几个小时看完并回答完问题是相当有难度的，所以对于本科院校的阅读马拉松读书活动并不适合高职生。但培养高职生的阅读习惯却是高职院校图书馆不可推卸的服务内容，因此促使高职院校的阅读马拉松读书活动应运而生。

我校第一届阅读马拉松比赛产生于2018年5~6月。自举办以来如一阵阅读旋风刮遍整个校园，很多同学纷纷报名参加，即便有学生未报名参加，也都积极关注着活动发展。到目前为止，因为其深受学生喜爱，学院每个学期都开展一次为期40天的阅读马拉松读书活动。

高职院校阅读马拉松活动内容：在一定的时间内如果坚持每天在规定的地点（一般都是图书馆的阅览室）阅读1小时，并完成规定的任务达到一定的天数就算成功。考虑到高职院校学生学业任务重以及意志力相对薄弱，在时间设计上相对要宽裕一些，在目标上设置成大部分学生都能达到的程度。

第二节 阅读马拉松的设计方案

一、活动背景

在这个浮躁的社会，不知不觉，我们吃饭、走路、睡觉总离不开手机，盯着手机屏幕，读书这事仿佛离我们越来越远了。如今，碎片化阅读大行其道，为鼓励和培养我院学生热爱阅读，在此背景下，我院阅读马拉松比赛应运而生，让读者通过每天坚持阅读的方式，逐渐养成阅读习惯。

二、什么是阅读马拉松

阅读马拉松是一项考验阅读习惯以及意志力的竞赛，在连续 40 天的时间内，参与者从第一天到最后一天坚持每天 1 小时阅读，能最终坚持下来并达到一定的阅读效果，就算完成挑战。这是一场阅读意志力的考验。

三、活动时间及地点

活动时间：2018 年 5 月 7 日~2018 年 6 月 15 日（共四十天）

活动地点：

图书馆二楼报刊阅览室：9:00~21:30

图书馆二楼电子阅览室：9:00~21:30

阅读体验中心：10:00~19:00（周日—周四）

10:00~21:00（周五—周六）

四、参与对象

全院学生。

五、活动规则

每天在入口处签到并领取手环，将手机设置为静音，接受值班老师定期巡查，如发现有刷手机行为取消参赛资格。

每天坚持在三处活动地点任选一处阅读一小时。

阅读图书除教材外任选个人喜欢的书籍。

每天在个人的微信或微博上发表20字以上阅读感言（可以摘录书中内容）。格式如下：阅读马拉松 | 第一天：

活动结束当天提交1份800字以上的读后感。

六、奖励办法

1. 未能坚持30天到活动地点每天阅读1小时的同学视为弃赛；

2. 能坚持30天以上（含30天）到活动地点每天阅读1小时，但未发布阅读感言和提交读后感的同学视为鼓励奖，可获得证书、阅读积分（4分）、小礼品1份；

3. 能坚持30天以上（含30天）到活动地点每天阅读1小时，并坚持发布阅读感言和提交读后感的参赛者设置一、二、三等奖，奖项如下：

一等奖（总数30%）：证书 + 阅读积分（16分）+ 礼品

二等奖（总数30%）：证书 + 阅读积分（12分）+ 礼品

三等奖（总数40%）：证书 + 阅读积分（8分）+ 礼品

七、报名时间及方式

活动报名时间：4月23日—5月6日

活动报名方式：加入阅读马拉松群报名

具体详情及问题请入群咨询：阅读马拉松 qq 群 201583527

主办方：图书馆

协办方：阅读体验中心

第三节　阅读马拉松的实施过程

一、活动宣传

为了让更多的学生参与到阅读马拉松活动中来，前期学院开展了大量的宣传活动。

（一）根据阅读马拉松活动方案重新设计并制作精美的海报，在图书馆、学生食堂、学生宿舍门口的宣传栏里进行粘贴宣传。海报如图2-1、图2-2所示。

图 2-1　第一届阅读马拉松宣传海报

图 2-2　第二届阅读马拉松宣传海报

由于宣传海报醒目，活动新颖，很快就吸引了不少学生的关注。

（二）利用图书馆组建的与学生相关的各大 QQ 群里大力宣传，例如阅读学分咨询群、同读一本书群、朗读者、书香班级群等进行宣传。

（三）图书馆不仅发动图书馆所有勤工俭学的学生积极参与阅读马拉松活动，还发动图书馆所有勤工俭学的学生到各自的班级、宿舍进行宣传。

（四）在学院的易班网站进行宣传，该网站不仅学生数目众多，而且学生的参与度也非常高。

经过全方位、多角度的宣传，阅读马拉松微信群的上限人数 500 人半天爆满。截止报名日期共有 530 人参赛，在比赛前一周还有学生不断在群里询问是否可以报名参赛。因考虑到活动方案中设计只有达到 30 天（含 30 天）才可获得一等奖、二等奖、三等奖的奖项，在活动开展 10 天以后如有学生咨询是否还可以报名，主办方都会友情提醒其奖项的设置情况，有些同学即便在不能获奖的情况下，也愿意在报名参赛阅读马拉松活动，与同学共享阅读的氛围和环境。

前期报名人数总共 530 人，最后满足条件的总共 404 人（各系报名人数参见表 2-1）。

表 2-1   各系报名人数

系部名称	人数
土木工程系	53
管理工程系	165
规划与建筑工程系	50
设计艺术系	40
城市建设与交通系	31
设备工程系	24
工商管理系	25
信息工程系	16
合计	404

二、跟进参赛过程

首先是对参赛的所有内容在群里再次公布解释。很多同学在报名时只是了解这个活动的大概，具体要求很多都不是清楚的，在活动开始之后就会遇到各种各样的疑惑，例如打开方式、参赛图书要求、阅读时间1小时的计算问题等等各种小问题在学生心里层出不穷，这个时候负责开展阅读活动的图书馆老师就要在群里耐心地回答学生提出的各种问题，并把这些问题编辑统一发到群公告中提醒学生应该注意什么。

二是对参赛学生的鼓励。整个参赛过程共40天，相对快而短的阅读活动，阅读马拉松的比赛时间是比较长的，在这么一段长时间内，有部分同学可能在参赛过程中出现无法坚持想放弃的心理，这时负责组织活动的老师就需在群里时不时鼓励学生积极坚持下去。比如在比赛开始一周后，群里会发布这样的鼓励话语"同学们，万事开头难，你们参加阅读马拉松已经有7天时间了，最难的开头你们都坚持下来了，继续加油哦"；在比赛开展到20天的时候，群里会发布"同学们，老师都被你们感动了，你们不知不觉已经坚持20天了，一半时间都已过去啦，加油，相信自己能坚持到底！"到比赛最后结束前一周，群里发布"同学们，加油！坚持就是胜利！最后7天你们一定行的！"就这样时不时在群里鼓励着这些参赛的"运动员们"。据观察，学生在前一周的兴奋期一般都能坚持下来，中间的20多天因为已经过了兴奋期，坚持每天到指定地点阅读一小时，慢慢体会并感受到参赛的难度，有些意志力相对薄弱的学生会在参赛过程中遇到某些障碍或困难会放弃。例如某几天学生特别忙，都忘记去打卡，一旦松懈下来，在阅读意志力上就会想放弃。这个时候我们也会给予理解，但要不失时机地进行鼓励。如善意地提醒学生，参赛时间虽然是40天，但只要在这40天内达到30天就能获奖，让其不要放弃；或者在群里跟学生聊到一个好的阅读习惯应该怎样养成等等，这样学生真如在马拉松比赛的跑道上赛跑的运动员一样，坚持到底，挑战自我。

三、加强对学生的阅读指导

坚持越久阅读的越多，学生交流的欲望就越强烈。很多同学在一天阅读完之后忍不住在群里交流今天的阅读心得、阅读的疑惑等。负责阅读马拉松的老师就会在群里答疑解惑并适时进行指导。

针对前段有同学提出"怎么样算是读懂一本书"或者"如何把一本书转化为自己所有"或者"希望有人教大家阅读图书"等相关问题，笔者提出的一些看法，供大家参考，欢迎大家共同探讨。

一是图书分类。图书需要分类，如果是鸡汤类图书，看完之后最重要的永远是行动；如果是优秀经典文学作品，需要结合作者写作的背景以及这本书所反映的主题去理解；如中国经典名著或国外优秀作品，从它的主题中结合读者个人经历，慢慢体会，感悟人生；如果是实用性图书，如果认可其方法照着做就好，不认可可以不看。

二是如何阅读一本书的方法。强烈推荐《如何阅读一本书》这本书，它详细讲解阅读一本书的技巧，但这本书的专业术语比较多，不是专业图书馆学的同学需要多次阅读才能体会其中的深奥。

笔者结合个人的理解以及对同学们阅读水平给出一些建议，仅供参考。

1.记笔记（推荐《如何有效阅读一本书——超实用笔记读书法》）。记笔记不仅仅记录书中对读者深有感触的句子或段落，更要记录读者在阅读该书的心境，所思所想，这样不仅仅看完这本书，还给这本书作注。注释后，过一段时间再查看发现有很多好的想法和观点保留了下来。一本书做的笔记越多，反映它对读者的影响力越大，吸收得也越好。

2.逻辑思维图。通过画逻辑思维图，提高看书的能力，一本优秀的图书通过画逻辑思维图就可以把该书的重点脉络梳理清晰。

3.复述。表达不仅仅是一个人自信的表现，也是逻辑思维的呈现。如果看完某个章节或某一本书跟身边的人或共同兴趣爱好的同学等通过自己的语言把一本书复述出来（不一定要用图书原话），在复述的过程中回忆图书的内容，可以检验对该本书的理解程度，也能锻炼个人的表达能力。通过与阅读过同本书的同学互动交流,既是对个人阅读内容的检验,同时也是对阅读本书的另一方面理解。可参加的相关图书活动有读书交流会、阅读分享会等。

4.记忆。很多同学反映自己看完一本书后记不住,其实记忆能力是可以不断锻炼提高的,没有天生谁好谁差,每个人都可以通过锻炼提高个人的记忆能力。多记,寻找适合自己的记忆方法。有效记住书中关键内容,学会找关键词,每段或每个章节总有几个关键词,而关键词是非常容易记住的,然后把这个关键词用自己的语言串联起来。

5.写作。个人阅读能力,不仅仅体现在阅读速度、理解能力、表达方式等方面,也体现在写作能力上。对于高职学生来说,提高个人的写作能力可能先从写书评、读后感开始。

四、参赛结果

在这40天里,同学们经受住酷热,广西南宁的夏天温度非常高,三个参赛地点中有一个场所是没有空调的,夏天里面特别热,而且还有蚊子。在如此恶劣的阅读环境下,同学们能顺利参加完比赛,而且有71位同学坚持每天都来打卡阅读一小时,40天从未间断过。参赛结果如表2-2所示。

表2-2 参赛结果

奖项	人数
一等奖	103
二等奖	104
三等奖	154
鼓励奖(少于30天)	43
合计	404

第四节　阅读马拉松参赛学生感悟

要求比赛结束之后学生提交的一份800字以上原创的读后感，可以是对某一本书的读后感，可以是对参加这次阅读马拉松比赛的感悟，也可以是关于阅读的体会等等。同学们经过这40天的比赛，每个人都有着不同方面的感悟，这些感悟写得言真情切，看完之后，作为活动的组织者会被深深感动，看着学生在阅读活动的成长，一名图书馆员所做的阅读活动再苦再累也是值得的。以下是摘抄的部分学生读后感。

"历时40天，每天都坚持去完成一件事，40天为求心灵的一片宁静，40天为求知识的拓展——阅读马拉松。"

"我不是一个读书爱好者，以前也从不喜欢看书，甚至可以说是属于一看书就犯困的那类人群。在同学们热火朝天地讨论着要不要参加阅读马拉松比赛时我才接触到它。当时只是听同学说了一下没有详细问，或许是心里觉得这种读书活动压根跟自己不沾边所以也就没在意。但后来看着身边的同学们纷纷报了名，于是我也抱着试一试的心态跟着报了名，想看看自己能坚持几天。第一天去图书馆看书，那天很热，我走到图书馆的时候已经大汗淋漓。进去后我选了本《深圳青年》坐下，但是久久静不下心去看书，心里苦苦埋怨天气热问自己为什么要参加这个比赛甚至觉得自己是不是太闲了。我不耐烦地看了看坐在身边的人，只见她们一个个都很投入地在看手中的书，只有自己在一边像个怨妇一般的，突然觉得自己与这里格格不入，甚至还有点羞愧。

俗话说心静自然凉，我尝试着让自己深呼吸放松。经过几分钟的调整我终于慢慢"安静"下来，开始去阅读我选的书籍。看了半个小时这样感觉有点困困的，我忍不住偷偷拿出手机刷了一下，然后才又继续看书，这一个小时才艰难地挺了过去。接着我第二天、第三天也会和小伙伴约着下课一起去图书馆，刚开始热情洋溢，但也会在心里想像我这样三分钟热度的人到底能坚持几天呢。我想试试，我想突破一下从没有阅读习惯的自己，科学表明一个人坚持做一件事情坚持 21 天就会养成一个习惯，我想看看我能不能坚持21 天，能不能养成这个好习惯。很庆幸，21 天、一个月我都坚持下来了。无论刮风下雨一天一小时阅读我做到了，很开心我也不再觉得自己与图书馆格格不入。我很喜欢书吧的氛围，那里有我喜欢的装饰风格，有我喜欢的书籍和有素质涵养的读书爱好者，跟他们相处很舒服。

学院举办阅读马拉松比赛，实在让人按捺不住那份悸动，想重拾那段为理想奋斗的时光，想找寻那一颗为了阅读而跳动不已的心。四十天，实在太久，又实在太短。四十天可以长到一个活动的句号，四十天又可以短到只是一辈子的逗号。

在这三十多天的阅读时光里，领悟颇多。改掉一个坏习惯，养成一个好习惯，每天都进步那么一点点，相信不久的将来，你会活成自己想要的样子。让我们继续在阅读中生活，在阅读中感悟生活，在阅读中点亮人生，扬帆起航。"

"我一直很想每天看一会书，可是因为自己的各种懒而没有坚持，很多书买回来只是堆放在一旁，甚至还没有拆封。当我看到阅读马拉松这个阅读活动时，我毫不犹豫地报名参加了，我想试试自己到底能不能坚持每天放下电子产品静下心来好好读一本书，刚开始的时候觉得很累，明明每天课业很多，还要去看书一个小时，可是不知道是什么给了我动力，每天中午吃饱就直接往书吧去，一直到现在，有时候不去还觉得浑身不舒服。"

"以前网络小说看多了养成囫囵吞枣的阅读习惯，一开始看到有深度的书籍也习惯一目十行，看到最后也不知道这本书在说什么。我认为这是因为自己把这些书籍当成一个任务来做，总是逼着自己去完成，可越是这样效果越不好。后来我把自己其他该做的事情完成后再去看书，把看书当成一种放松，潜意识里告诉自己这是一种消遣，慢慢地，我可以看一本书一下午。

虽然阅读马拉松这个活动结束了，但是我相信我自己还是会坚持每天阅读的好习惯，养成一个习惯需要 30 天，这个好的习惯我会一直坚持下去。"

"坚持做一件你认为不可能完成的事情，你会慢慢发现你会习惯甚至会喜欢这种感觉的，就像是刚开始没有打算参加阅读马拉松比赛的我，在参加比赛一天天地看书后喜欢上了这种奇妙的感觉。所以，无论在做什么事之前，只有努力做了才知道自己行不行！

当你认真做一件事情的时候，今天坚持了，明天还想坚持，那是乐趣；今天坚持了，明天还得坚持，那是负担。我们就是要在这日复一日的坚持中完成蜕变，从要我坚持，到我要坚持，到我必须坚持，乐意坚持。记得初中的时候看到过一句话：有些事不是看到希望才去坚持，而是坚持了才看到希望。在生活中我们很多人都是浅尝辄止的，一不如意就会选择放弃，这种人做事是很难成功的，因为他们根本坚持不下去！每天阅读一小时，长此以往地坚持下去，积少成多，就会让你在这些时间里拥有很多不一样的知识，有很多不一样的体验，比你用这一个小时来刷淘宝、刷抖音、玩游戏以及看电视的用处多得多。"

"上大学后，我积极参加过学院、系部、社团大大小小的活动，刚开始了解到阅读马拉松这个活动，是在参加完朗读者比赛之后。最初听到阅读马拉松这个名词的时候，首先想到的是参赛人员手拿一本书一边大声朗读一边奔跑，有的同学看到引人入胜的句子，一不留神摔倒了，想到这个场景还觉得这岂不是滑稽吗？后来我看到了阅读马拉松的宣传海报，上面这一句话深刻地刺激了我：在这个浮躁的社会，不知不觉，我们吃饭、走路、睡觉总离不开手机，盯着手机屏幕，读书这事仿佛离我们越来越远了。上一次看书是什么时候呢？我已经不记得了。那上一次看手机呢？一分钟前吧。这一强烈的对比让我心里莫名产生了一股落寞的情绪，为了找回一份缺失，我选择参加了阅读马拉松。最后希望学院可以多举办一些这样积极健康的读书活动。"

"时间如流水，总是在我们不经意间悄悄流走。在这一个月里，我做了一件非常有趣的事情：参加了阅读马拉松比赛。在这期间让我体会到了很多，也收获了很多。阅读马拉松让我懂得了坚持做一件事的收获。在这之前，我总是有很多理由抽不出时间来看书，缺少毅力，所以我一天一天地堕落着。该做的事情没有认真去做好，也没有足够的耐心，同时也没有做到合理分配时间。但在阅读马拉松的40天里，我对我的时间做了合理的规划，做到什么时间该做什么事情。虽然有时候课很多，虽然这段时间太阳都很大，但我依然能坚持每天参加阅读马拉松，我想这就是一个很大的进步。同时，在阅读马拉松期间我也发现了很多乐趣，它能使我全身心地投入阅读，体验了阅读的乐趣。在阅读期间，我发现了很多我觉得非常好的书，其中我看了《将来的你一定会感谢现在拼命的自己》《谢谢你离开我》《每一次受伤都是一种成长》《别在吃苦的年纪选择安逸》《人一生要读的60篇美文》《大学的意义》《目送》《总有一个梦想，值得让你拼上一切》《影响你一生的耶鲁演讲》《思路决定出路》。虽然有一些书没做到精读，但是，我觉得读了这些书让我的精神境界得到升华。"

"从5月7号开始到现在已经快一个月了，从一开始的不习惯，到如今的每天都要抽一个小时去看书。突然发现习惯真的挺可怕的，一开始连自己都不知道自己到底喜欢看什么样的书，在书吧门类众多的书中迷失，而到如今，找到了自己喜欢的书和喜欢的类型，有时候看书看得废寝忘食，但是还是没有办法一天就能看完，为了第二天来到能找到昨天看的那本书，会偷偷地把书放在最里面，希望它第二天还能在，但是我低估了它受欢迎的程度，常常第二天就找不到了，这也让我有很多书都是看了三分之一或者只看了一半的。除了这个让我很抓狂之外，一切都格外祥和。"

"每天花上一个小时的时间去感受生活中的平静，感受纸质书面给自己的触感，感受着书页上的浓浓墨香，感受着周围的气氛，让自己沉淀在这美妙的世界。从这三十天中我收获了很多，最重要的是我收获了一个好习惯，每天抽出一小时来阅读，或者每天让自己静静地思考。让自己的世界更加充实，让自己的生活更加充实。而我也在这个过程中学会了记录，记录自己喜欢的文章，自己喜欢的诗句，自己喜欢的句子，和自己想到的好句子，把一切美好的东西都记录下来，记录生活，记录世界上一切美好的事情。在这个过程中我看过很多书，有一些内容是我认同的，有一些内容是我不认同的，但是这都影响我对一些事情的判断，我不会因为一些事情与书上所说相反而反对一些例子。而我看了这么多的书，其中让我印象最深刻的是《文化苦旅》《活着》和《围城》。如果问我为什么对它们的印象深刻，我只能回答你，我无法对它们的内容做出一个选择，因为它们的内容，和文化深度是我所不能达到的高度，所以我无法评价它哪里好，我只能说它们都深深地震撼着我。

这三十天说快过去它好像又很慢，但是又很快，但我想阅读和学习并不局限在这三十天，它会伴随着我的整个人生。其实在自己心情不好的时候也可以去阅读，在阅读中抒发自己的情感，找到慰藉。我喜欢阅读，阅读使我快乐。即使比赛结束后，我也会继续保持阅读的习惯。"

"参加阅读马拉松已经过去二十几天了，在这二十几天里除了比较繁忙的时候缺席阅读外，大多数的每一天都会去图书馆报到。在每天的一个小时阅读时间中，我有时候感觉时间太短了，时间空闲的话，我一般有时一天阅读两个小时都有。我前几天是看了一本高中时代的小说，里面的情节设定和描写的环境氛围都是很不错的。因此我看得很入迷，一下子看完整本书。我每看一个情节都会想起我高中时代的美好时光，与同学们纯洁的友谊，直到现在我们都一直联系着。经常聊我们各自的大学生活。我是一个爱好小说者，经常会看小说。我在无聊的时候或者一些征文活动中我都会写小说。我看每本小说的情景中，头脑中也有我自己的一些情节的。有时候也会去模仿一些我觉得好的小说情节，但我也不是一味地去模仿，我也增加了我的一些元素在里面，让人物更加鲜活起来。我最喜欢的是用乐情衬衰情的小说环境，我觉得这样更能体会主人公的内心感受，就像自己一样。这就是我阅读小说想到的一些感言。"

"我非常感谢这次的阅读马拉松，让我体会到了阅读的乐趣。我坚信经历了这次比赛之后我会坚持阅读这个好习惯，并不断地丰富自己的精神世界，不断完善自己。"

学生对阅读马拉松的喜爱，对自己能坚持下来震惊，对阅读到一本自己喜爱的图书之后的喜悦都溢于言表，在个人的读后感中书写出来。作为活动的组织者，除了多开展这类阅读活动之外已无法承载学生这份坚持和喜爱。

第五节　阅读马拉松改进之处

一、修改评分标准

在第一届阅读马拉松比赛中，阅读马拉松比赛总成绩共计 100 分，由三部分组成，第一部分为阅读时间，占 30 分；第二部分为阅读感言，占 30 分；第三部分为读后感，占 40 分。阅读时间 30 分又分为基础分和加分。基础分指完成 30 天每天阅读一小时即为 20 分；加分指在 30 天的基础上每增加一天即可得 1 分，共 10 分。阅读感言 30 分也分基础分和加分，其中基础分指完成 30 天阅读留言的为 20 分；加分指在 30 天阅读留言的基础上，每增加一天阅读留言即可得 1 分，共 10 分。读后感评分标准：40 分，要求：一是原创性，如发现抄袭一律为 0 分；二是结构清楚，读与感的结合点明确；三是能围绕感点具体，真实地表达自己的感受。

虽然这样的评分标准精准细化，但不利于统分，需要花费大量的人力去统计所有参赛学生的阅读时间和阅读感言，这给高职院校图书馆本来就少的阅读推广工作人员增加了很大的工作难度，所以在以后的阅读马拉松比赛中，我们主要以阅读时间为考核标准，阅读感言和读后感只作为辅助考核标准，也就是说阅读感言和读后感必须交，但不作为评分标准。阅读感言评分的主观能动性太大，很多时候出现有些同学参赛天数少，但读后感的分数高，比参赛天数多的同学分数高，不利于学生对每日坚持阅读的积极性。所以我们在以后的阅读马拉松中评分以阅读时间为准，读后感和阅读感言为辅，只提交不算入分数中。

二、修正奖项设置

在评分标准的修正之后我们在奖项设置上也进行了修正，取消鼓励奖，设置特等奖。能坚持 30 天以上到活动地点每天阅读 1 小时，并坚持发布阅读感言和提交读后感的参赛者设置为一、二、三等奖，其中一等奖是坚持阅读天数为 39 至 40 天的参赛者；二等奖是坚持阅读天数 35 至 38 天的参赛者；三等奖是坚持阅读天数 30 至 34 天的参赛者。虽没有设置 30 天以下的鼓励奖，但设置了特等奖，特等奖是奖励阅读马拉松比赛参赛阅读天数累积达到 80 天、100 天、120 天、140 天、160 天的参赛者。也就是说阅读马拉松比赛我们设置有累积奖，只要参赛者的参赛天数累积达到特等奖的天数，我们都会按照特等奖的奖励再次奖励，与每届一、二、三等奖可以重复，这极大地鼓励了每位参赛的学生，因为他们参赛的天数没有一天是浪费的，都可以累积到毕业。

三、优化时间登记方式

由于图书馆管理系统中没有进出时间登记，在第一届阅读马拉松比中，我们实行手工登记时间，也就是每天学生到三个阅读地点有工作人员帮助登记进入及出来的具体时间，该登记方法不容易出错，但在后期阅读天数统计上的工作量巨大，尤其是报名参赛人员达几百人的时候。后来我们修正为用一卡通刷卡登记，一卡通刷卡方便，后期阅读时间天数统计也便捷，其缺点是刷卡时由于刷卡人员的不注意可能会出现错误，但瑕不掩瑜，采用一卡通登记阅读时间大大减轻活动的工作量。

四、修正报名方式

第一届阅读马拉松报名,是采取到固定负责的 3-5 位同学处报名,因牵涉到报名人数多、报名时间自由,很多同学还出现重复报名,在不同的报名处同时都报名,增加负责人的工作量,这样在姓名或班级等基本信息方面也容易出错。后来我们都采用扫码报名,设计一个二维码,在二维码里设置报名项,同学们只需要扫码报名即可,到报名截止日后我们统一发到阅读马拉松 QQ 群里给同学们核对,如有误或遗漏告诉主办方修改添加即可,非常方便。

第六节 阅读马拉松的推广成效及未来发展

一、推广成效

(一)参赛人数递增

阅读马拉松活动在 2018 年 4 月份第一届比赛方案设计时,是设想每年在 5—6 月份期间开展一次。由于学生对阅读马拉松活动的喜爱,每天到阅览室看书的学生人满为患,无论是已经参赛的学生还是想参赛的同学都强烈要求每学期开展一次阅读马拉松活动,有些全宿舍同学一起参赛,以每天能坚持到图书馆阅读一小时为傲。因此学院的阅读马拉松比赛从第一届开始每学期都开展一次。第二届阅读马拉松活动的参赛人员再创新高,报名人数达到 773 多人,阅读天数超过 30 天获得奖项有 550 人,其中获得特等奖即阅读天数累积达到 80 天的人数为 42 人。如表 2-3、表 2-4 所示。

表 2-3

系部名称	报名人数
土木工程系	164
管理工程系	283
城市建设与交通工程系	98
规划与建筑系	57
计算机与信息技术系	43
建筑设备与环境工程系	46
设计艺术系	82
合计	773

表 2-4

奖项	人数
一等奖（阅读天数 39-40 天）	332
二等奖（阅读天数 35-38 天）	108
三等奖（阅读天数 30-34 天）	110
特等奖（累积阅读天数 80 天）	42

（二）参赛群体层面扩大

由于学生的参与阅读热情高昂，影响到老师的阅读热情，许多教师纷纷表示也要参赛阅读马拉松比赛，让自己坚持阅读，于是学院在 2018 年 5—7 月份举办了首届教师阅读马拉松比赛，比赛通知如下：

苏联著名教育家苏霍姆林斯基曾说：把每一个学生领进书籍世界，培养对书的酷爱，使书籍成为智力生活中的指路明灯，这些都取决于教师，取决于书籍在教师本人的精神生活中占有何种地位。每位老师的悦读、博览、善思都是学生成长道路上的指明灯。图书馆在学生层面开展阅读马拉松比赛以来就得到我校学生的积极参与，共有 500 多名学生报名参赛。每天到图书馆和阅读体验中心阅读的学生络绎不绝，学生阅读热情高昂，学生的阅读感言也是精彩纷呈。现图书馆诚邀老师们一起参加阅读马拉松比赛。

比赛规则：

1. 比赛时间：5 月 20 日——7 月 10 日，共 50 天。

2. 比赛要求：每天阅读一小时，并在个人的微信或微博圈发表 20 字以上的阅读感言（可摘抄书中内容）；阅读感言格式为：阅读马拉松／第一天：……

3. 设置一二三等奖若干名

一等奖（30%）：证书 + 奖品

二等奖（30%）：证书 + 奖品

三等奖（40%）：证书 + 奖品

凡坚持 30 天者即可获奖，以发布的阅读感言天数为优先评定标准，同天数下以阅读感言的质量为评定依据。

4. 友情提醒：一是各位在朋友圈发的读书感言需在阅读马拉松群里贴出来，这样既便于统计，也有益于书友们的交流，每次的感言末尾处请标注部门 + 姓名（实名）；二是教材及教辅图书不属于比赛内容。

5. 详情请扫码加入阅读马拉松微信群咨询。

图书馆

2018.5.14

虽然教师层面的阅读马拉松时间设置接近在学期下半部分，但还是得到不少老师的大力支持参与，其中坚持 30 天以上的教师有 23 人。

（三）学生对阅读的认知有所提高

参加阅读马拉松比赛的同学每天看完一小时图书后都会在个人的微信朋友圈或者 QQ 空间或者留言栏写个人的阅读感言。在图书馆的阅读马拉松留言板上承载着参赛同学的无数阅读感悟（图 2-4、图 2-5 为学生读后感言）。

图 2-4　学生读后感言（一）

图 2-5　学生读后感言（二）

像以下这样的感悟在学生的读后感中比比皆是，通过 40 天的坚持阅读，让更多的学生认识到自己、认识到阅读，认识到坚持的巨大作用，这些是阅读马拉松所取得更大成效。

　　"人的一生实在太短，过去的已经失去，想要掌握未来不易，趁当下还有些许时光，多读书吧！人生很短，越往后越没有属于自己的时间，不要以后，就趁现在，多做一些自己爱做的事，多读一些书来使自己的心不再轻狂，多读一些书来使自己释怀悲伤，多读一些书来体量世事无常。也许，你无法做到人人喜欢，你无法做到面面俱到，你无法在生活中过得事事顺心，世界上确实有很多的不应该，但你可以做好自己，你可以在乎着自己在乎的人，即使不是人人喜欢；你可以做到一技之长，即使不是面面俱到；你可以在知足中感激生活，即使过得不那么事事顺心，那也还过得不错。即使未来有再多的挫折会跌宕你的信念，即使未来有再多的失败会撞伤你的心灵，甚至感觉到生活不是生活，你不再是你，你的信念已经崩塌，你的心灵已经破碎，但我想告诉你的是，书会让你找回自己，找回最初的自己，就算你有再多的不甘，有再多的苦痛，有再多的委屈，也会在这阅读的时光里，静静地沉淀，悄悄地释怀。

　　在这所读的每一本书中，我都会对自己的人生价值做一个思考。我总会想着我的价值是什么，我能做什么，我应该做什么，我要以一种什么样的态度去面对人间百态。我应该如何去处理好每一件事情，这一切的一切我应该如何去做好，让人生不留遗憾。这就是阅读马拉松给我的最大感触。所以在这期间我一直在思考一个问题，如何才能做到更好更完美。所以，在这期间，我不断地丰富自己的精神境界，坚持每天学习一些新的知识，不管是专业上的还是课外的我都会努力的学习。我会比别人花上更多的时间去学习，在别人都宅在宿舍或者周末在宿舍睡大觉时，我都会合理的规划好自己的时间，去学习各种知识。我觉得大学是一个让我们能真正离开父母独立成长的地方。在这里没有了亲人的照顾。而面对的是各种各样的人，每个人都有自己独特的优点，有的人确实也很厉害，所以我们只有不断地去拼搏不断地去努力才不至于被这个世界所淘汰。在这其中我们可能会经历很多挫折于磨难，但我们要勇于去面对，坚持不懈。"

二、未来发展

同地区高职院校阅读马拉松读书活动联盟：阅读马拉松比赛非常有利于高职院校学生阅读习惯的养成，阅读路上参赛的人数越多越有趣味，像这种持续时间长的阅读活动，更多的人参赛不仅仅是一种竞争激励，也是一种相互鼓励。如果同地区的高职院校或者同一大学城里的几所高校一起联合起来开展阅读马拉松比赛不失为一种阅读推广，参赛学校相互之间可以在参赛人数、参赛时间等方面相互竞争，激励本校学生积极参赛。

师生同等条件下参加阅读马拉松比赛：我校在 2018 年上半年在学生层面和教师层面分别开展了阅读马拉松活动。对于阅读马拉松比赛不仅仅学生喜欢，教师们也非常乐意接受这种一起阅读的氛围和挑战。教师和学生同等条件一起参加阅读比赛，对彼此都是一种促进。有老师带头做榜样学生会更加积极，有学生监督老师们也会更加坚持。

第三章　"同读一本书"阅读推广

第一节　"同读一本书"活动的缘起

读书交流本来只是针对读书爱好者协会（简称读协）开展的一次次读书交流活动，但在与读书爱好者协会学生的接触中，慢慢地了解到他们更愿意去协助读书活动，而不是参与到读书活动中；更乐意作为一名组织者去开展活动，而不愿意以书友的身份去带领全校学生一起阅读交流。究其原因，其实在于读协中很多学生并不是真正阅读爱好者。

读者爱好者协会的宗旨是以读书为目的，以第二课堂活动为载体，积极引导广大学生读者投入读书活动，着重培养学生读者的"听、读、讲、评"等实践能力。通过吸纳广大读书爱好者，以"爱书、悦读、能写、善交流、共进步、架起图书馆与读者沟通的桥梁"为宗旨，举办形式多样的读书活动，营造浓厚的学习氛围，为校园文化建设贡献一份力量。但笔者自2017年3月份作为读书爱好者协会指导老师以来发现该协会其实名存实亡，学生更看重的是协会的会长、理事等行政职务，视阅读为可有可无的一种自我要求，也很少在协会内部成员之间举办读书活动，因此协会里真正喜欢阅读的同学自交会费之后就销声匿迹。为了扭转协会的这种局面，笔者要求读书爱好者协会定期开展读书交流会，取名为"相约星期四"，也就是每周星期四下午（除节假日以及学校放假外）五点半到六点半相约到学院阅读体验中心进行读书交流。

读书交流会的规则：① 5 分钟以内的脱稿分享；② 每周自选主题，可以是有关友情、美食、运动、摄影、游戏等，或者分享一本书或某一本书中的某个主题；③ 协会根据主题设计一份电子版的宣传海报发放到协会群里，让每位会员知晓，并动员大家在这周内做好准备并积极参与读书交流会；④ 每位会员在一个学期内至少参加三次以上的读书交流会。

作为指导老师，笔者针对阅读的话题跟读书爱好者协会会员交流了个人心得。全文如下：

各位同学，今天老师跟大家分享的是阅读，主要从阅读的目的和方法这两个方面谈谈老师的看法。

（一）为什么阅读

自来学校工作以来，我见到很多不喜欢读书的学生，不但自己不喜欢读书，还希望周围其他人跟自己一样也不爱读书，经常把"读书无用论"挂在嘴边，放在心里。在这种氛围之下学生动辄要发问：这有什么用？能帮我找到好工作吗？能帮我升官？能帮我赚钱？能帮我交到很多朋友吗？把阅读作为一件功利的事来看待，却并没有体会到阅读本身的乐趣。

龙应台在写给她的孩子的书中很深刻地诠释了读书的意义。她写到：孩子，我要求你读书用功，不是因为我要你跟别人比成绩，而是因为，我希望你将来会拥有选择的权利。选择有意义、有时间的工作，而不是被迫谋生。当你的工作在你心中有意义，你就有成就感。当你的工作给你时间，不剥夺你的生活，你就有尊严。成就感和尊严，带给你快乐。

（二）怎样读书

你的时间花在哪里，决定了你成为什么样的人。

我们总是抱怨忙碌，没有空停下来等一等灵魂，却又总是太容易沉溺朋友圈，看剧、打游戏、发呆，在每一个得以喘气的间隙里，让自己变成一个瘫在椅子上或床上的废人。忙碌并不是懒惰的借口，因为读书真的不需要你花太多时间。

　　一开始，我们离充实有趣的生活，只是差一点点管理时间的聪明，和一点点坚持下去的自律，经年累月地积累下去，读书和不读书的人，却能过上不一样的人生。读书与不读书的人，在每人看来没有任何区别，在每月看来差异也微乎其微，但若以5年为尺度来看，那就是身体和精神状态的巨大分野，等到了10年再来看，也许就是一种人生对另一种人生不可企及的鸿沟。

　　这也是老师为什么要求大家养成每天至少阅读一小时的习惯。有的同学说没有时间，其实只是时间管理分配的问题，当你把阅读作为你人生中最重要的一件事，你挤出就不仅仅只是一个小时了。

　　读书要记笔记。笔记是给自己做的，自己能看懂就行。笔记可以记得极其简短，实际上是一个索引，在这本书某页，日后要引用，要深入思考，把那本书拿来翻到哪一页就行了。书中能让你怦然心动的句子、段落、思想都可以记录下来。记笔记同时还是一个培养思想能力的好方法，是个人思想成长的轨迹，记下当时所想，再思考的时候就像登台阶一样爬得更高了，而不是像拉磨一样在原地转圈，所以说记笔记一是要读书笔记，二是要记思考的笔记。

　　读完书要和人交流，要会"卖弄"。读完书以后要和人交流，要经常去分享。这是非常好的，这样能帮助你记住书里面的东西。在和旁人交流的时候会不知不觉地加进你的思考，至少加进你所强调的东西，这样有助于将书中的内容跟你的思想融合。

　　我们读协今晚的读书交流会就每个人阅读的一本书进行交流，这类活动非常好，它不仅仅锻炼了大家的表达能力，面向公众发言的胆量，逻辑思维能力，更是一次阅读后思考的思想交流。

　　阅读经典或优秀图书。经典之所以成为经典，必定有它的卓越之处。在阅读的时候，并不一定感觉到明显效果，但阅读多了，阅读久了，你慢慢就会感觉到说话有书卷气了，写作的文采如小溪涓涓流出。这就是文化的熏陶，在不知不觉中融入了阅读者的生命。

强烈建议大家少读甚至不要读快餐书籍，比如如何成功速成等，要读经典的世界名著。可能刚开始读，会找不着感觉，但读上两三本，就会找到节奏。当你阅读名著或优秀图书时，感受到愉悦时，那就入道了。因为愉悦是阅读最高层次的享受。

读书爱好者协会虽然一开始很多会员抵触这样的交流会，但随着不断交流后同学们逐渐产生了兴趣，慢慢地吸引着更多的学生参与进来。于是关于共同阅读、快乐分享的"同读一本书"活动就这样在学院里作为全校性的读书活动开展起来了。

第二节　"同读一本书"活动方案

一、第一届"同读一本书"活动方案

（一）活动口号

以书会友，用书香充实假期生活，闺蜜、舍友、同班、同系因为喜欢同一本书，相约一起阅读。同读一本书让我们更加相知相识，同读一本书，给自己一个更有意义的假期。

（二）活动目的

引导学生养成爱读书的良好阅读习惯，帮助、引领同学们陶冶情操、修养品性，发展人性，提升境界，丰富生活，愉悦身心，努力营造内涵丰富、特色鲜明的校园文化，推动学习型班级、学习型校园的建设，特举办"同读一本书"假期读书活动，这次活动的重要目标是不断提高学生自身的人文修养。

（三）活动方式

"同读一本书"，即两名及两名以上同学（最大人数不限）在暑假期间共同阅读一本书（书自选），并制作一份 3—5 分钟的 PPT 展示所读图书内容。以分享 PPT 的形式进行读书交流，根据交流效果不同层次设置一、二、三等奖。

（四）活动时间、地点

2017 年 9 月 26 日（暂定，具体时间、地点开学后另行通知）。

（五）活动对象

全院学生。

（六）奖励设置

为保证本次活动公平、公正、公开，本次演讲的评分由学生以及老师进行评分，去掉一个最高分和一个最低分，取平均值，最终成绩按高低顺序排列，由报名人数的比例决出一、二、三等奖。

一等奖（20%）：证书 + 阅读积分（8 分）+ 奖品

二等奖（40%）：证书 + 阅读积分（7 分）+ 奖品

三等奖 (40%)：证书 + 阅读积分（6 分）+ 奖品

（七）组织机构

主办方：广西建设职业技术学院图书馆。

协办方：广西建设职业技术学院读书爱好者协会。

活动海报如图 3-1 所示。

同读一本书

　　读书是一种诗意的生存状态，一种幸福的生活方式，一种温暖的生命体验。一个人读书是孤独的，分享阅读是快乐的。别让假期成为你不读书的理由，在暑假期间和朋友、同学一起阅读一本书，就有机会得到阅读积分哟！

活动方式：
　　"同读一本书"，即两名或者两名以上同学（最多人数不限）在暑假一起阅读同一本书（书自选），并制作一份3~5分钟的PPT上台展示所读图书。
奖项设置：
一等奖（总数的20%）　8个阅读积分+证书+奖品
二等奖（总数的40%）　7个阅读积分+证书+奖品
三等奖（总数的40%）　6个阅读积分+证书+奖品
活动对象： 全院学生
活动时间地点：
2017年7~9月（具体读书分享会PPT展示时间、地点另行通知）
报名方式： QQ群655087181

主办方： 院图书馆
协办方： 读书爱好者协会

图 3-1　活动海报

　　由于 2017 年第一届"同读一本书"是我校第一次大型的全校性阅读活动，而且更多的是读书爱好者协会在宣传、组织，图书馆主要起指导作用，所以在活动组织、规划、设计、规模、形式上都是一个摸索阶段。参赛人数共 77 人，其中一等奖 15 人、二等奖 32 人、三等奖 30 人，人数虽然不多，却向全校学生传递了一个重要的信号，图书馆开始开展大型的阅读活动。虽然图书馆每年为迎接 4.23 世界读书日都开展了写读后感、三行诗比赛等读书活动，但整体上知晓人数较少，参赛人员更少，另外由于学院新旧校区更替，以旧校区办公地点为主的图书馆无法开展全校性大型读书活动。第一届"同读一本书"阅读活动的顺利开展也预示着我校阅读推广活动开始以竞赛形式的阅读活动拉开序幕。

二、第二届"同读一本书"的活动方案

(一) 开展背景 (目的)

全民阅读推广下,养成阅读习惯成为了每个人的一种生活方式。为培养我校学生的阅读习惯,提高阅读能力和阅读艺术,锻炼同学们的表达能力、舞台自我展示能力、竞争意识等,图书馆通过同读一本书的方式,激励同学之间相互督促共同阅读,并通过分享阅读成果的形式营造良好的校园文化。

(二) 活动的形式

PPT 展示分享。

(三) 活动的口号

共同阅读、快乐分享。

(四) 活动的奖项设置

一等奖 (总数的 20%):12 个阅读积分 + 证书 + 奖品
二等奖 (总数的 30%):10 个阅读积分 + 证书 + 奖品
三等奖 (总数的 50%):8 个阅读积分 + 证书 + 奖品

(五) 活动的时间和地点

初赛:2018 年 11 月底。

地点:阅读体验中心。

评委:每个参赛小组自荐一位同学代表本小组组成学生评委团。

评分结果:评出三等奖,前 50% 晋级参加复赛。

复赛:2018 年 12 月初。

地点:四教一楼学术报告厅。

评委:教师。

评分结果:评选出一、二、三等奖。

报名截止日期:2018 年 11 月 15 日。

报名方式：加入"同读一本书"qq 群 560762329。

（六）评分标准

1. 脱稿程度（10 分）：流利程度，全程脱稿得 10 分。

2. 选书方面（10 分）：思想积极向上。

3. 时间控制（10 分）：5 分钟内得 10 分，超过 1 分钟扣 2 分，依此类推。

4. 整体表现（30 分）：仪表仪态以及语言表达优美程度。

5. PPT 展示（40 分）：图书的讲解吸引力程度。

活动海报如图 3-2 所示。

图 3-2　活动海报

第二届"同读一本书"活动受学院六十周年校庆影响，活动真正开展接近期末，但也没有阻碍学生参与活动的积极性，总共有 372 人报名参赛。从 2017 年首届活动到 2018 年第二届活动，虽然只过去一年，但以竞赛形式的阅读活动已经获得我校学生的青睐，最大的变化就是参赛人数的剧增。参赛人员的增多，在比赛时花费的时间精力也更多，于是我们设计了以学生作为评委的初赛。阅读分享不仅仅是分享自己，也要学会去欣赏他人，从评委的角度去欣赏彼此的阅读心得，这也大大减轻了教师作为评委的压力。

第三节 "同读一本书"活动的开展

一、活动宣传

每届"同读一本书"活动都制作了海报在全校进行宣传。我们把"同读一本书"的宣传内容提炼为通俗精练简短的宣传词"邀好友、同读书、享奖励"三步骤，然后让学生发在个人的 QQ 说说里进行宣传，内容如图 3-3 所示。

图 3-4　活动宣传内容

活动的结果如表 3-1、表 3-2、表 3-3、表 3-4 所示。

表 3-1　第一届"同读一本书"比赛结果表

名次	书名	人员	得分	奖项
1	《追风筝的人》	刘薇、李希莹、廖浚凯	95.72	一等奖
2	《解忧杂货店》	黄文焕、张致铭	94.46	一等奖
3	《简·爱》	黄琼莹、黄泽明	93.22	一等奖
4	《浅薄》	曾结英、计秋媛、周海青、吕秋兰、韦晶平	93	一等奖
5	《假如给我三天光明》	陈晓林、赵星、黎婉婷	92.06	一等奖
6	《高效能人士的七个习惯》	冯柳福、何柯文	91.72	二等奖
7	《解忧杂货店》	孙燕清、韦春颖	91.6	二等奖
8	《简·爱》	艾博、陆青	90.7	二等奖
9	《解忧杂货店》	黎珊伶、戴家怡、吴莹莹	89.7	二等奖
10	《白鹿原》	廖琼、宁思铭、贝佳宏、何富锦	89.52	二等奖
11	《名创优品没有秘密》	余嘉霓、苏浩铭	89.512	二等奖
12	《活着》	李叶露、何淋、曾琳、黄芳、张秀球、马丽婷、陆晓兰	89.376	二等奖
13	《白说》	蓝兴扬、刘港	88.5	二等奖
14	《看见》	韦秋玉、黄珊、赵德慧、覃明杰、廖凌逸、莫未全、陆雪婵、梁瑞萌	88.31	二等奖
15	《你的孤独，虽败犹荣》	廖国芳、蓝庆荣、魏东妮、梁艳青、罗祥锐	88.22	三等奖
16	《偷影子的人》	韦剑、樊玉洪、杜丽萍	87.22	三等奖
17	《萤烛小巷》	苏泽京、黎姗	86.9	三等奖
18	《撒哈拉的故事》	林敬金、易芝先、孔冬敏、黎柱成	86.6	三等奖
19	《海底两万里》	梁国添、涂卓、李叔新	86.47	三等奖
20	《唤醒心中的巨人》	韦莉莉、池文琴、秦康、秦纪、冼海燕、陆尧天	86	三等奖
21	《边城》	肖梦兰、汤麒	84.97	三等奖

名次	书名	人员	得分	奖项
22	《基于 bim 的 revit 建筑与结构设计案例实战》	蓝焕生、莫威、雷坤	83.36	三等奖
23	《哈利波特与魔法石》	莫观林、唐羽琴	80.4	三等奖

表 3-2 第二届"同读一本书"一等奖比赛结果

书名	小组负责人	奖项
《房思琪的初恋乐园》	卢成东	一等奖
《谈修养》	杨凌轩	一等奖
《撒哈拉的故事》	邓巧兰	一等奖
《偷影子的人》	黄素艳	一等奖
《摆渡人》	刘天运	一等奖
《钢铁是怎样炼成的》	庞子程	一等奖
《活着》	王淑春	一等奖
《登天的感觉》	姚丽婷	一等奖
《致我们终将逝去的青春》	翁少俏	一等奖
《怦然心动》	蓝敏芳	一等奖
《撒哈拉的故事》	韦洁煊	一等奖
《霍乱时期的爱情》	潘丽婷	一等奖

图 3-4 第二届"同读一本书"一等奖合影

表 3-3   第二届"同读一本书"二等奖比赛结果

书名	小组负责人	奖项
《愿你的青春不负梦想》	刘依婷	二等奖
《秘密》	冯渝晋	二等奖
《亲爱的安德烈》	韦斌	二等奖
《了不起的盖茨比》	陈晓婷	二等奖
《没有什么了不起》	梁芯瑶	二等奖
《连接的力量》	王自国	二等奖
《我们仨》	李秀健	二等奖
《红色家书》	骆鹏辉	二等奖
《从你的全世界路过》	陆文杰	二等奖
《白夜行》	李懿雯	二等奖
《挪威的森林》	胡伟成	二等奖
《悲伤逆流成河》	陈芳	二等奖
《文化苦旅》	罗立文	二等奖
《活着》	吴春兰	二等奖
《平凡的世界》	李永聪	二等奖
《走在有光的路上》	韦专	二等奖
《简·爱》	何小灵	二等奖
《云边有个小卖部》	覃远航	二等奖
《嫌疑人的 X 献身》	谢文龙	二等奖
《边城纪念版》	韦克海	二等奖
《目送》	陆胜茵	二等奖

图 3-5 第二届"同读一本书"二等奖合影

表 3-4 第二届"同读一本书"三等奖比赛结果

书名	小组负责人	奖项
《中国近代史》	王孔言	三等奖
《你的努力，要配得上你的野心》	罗清	三等奖
《心有欢喜过生活》	陆广华	三等奖
《白鹿原》	唐娟	三等奖
《了不起的盖茨比》	徐建梅	三等奖
《挪威的森林》	陈娴	三等奖
《围城》	何小莲	三等奖
《皮囊》	罗巧钰	三等奖
《中华传统技艺》	莫武壮	三等奖
《追风筝的人》	谭龙恩	三等奖
《别在吃苦的年纪选择安逸》	梁鑫瑜	三等奖
《解忧杂货店》	包学勤	三等奖
《追风筝的人》	刘璐琪	三等奖
《活着》	杨福隆	三等奖
《请停止无效的社交》	秦霞	三等奖
《沉默的大多数》	凌靖莹	三等奖
《千古名将英雄梦》	梁宗尉	三等奖
《半生缘》	卢玉婷	三等奖
《小王子》	梁仕锟	三等奖

续表

书名	小组负责人	奖项
《告白》	韦静	三等奖
《巴黎圣母院》	梁明振	三等奖
《我喜欢生命本来的样子》	梁慧俏	三等奖
《目送》	虞才樟	三等奖
《边城》	黄通吉	三等奖
《为人三全》	李癸源	三等奖
《文化苦旅》	李宏健	三等奖
《和时间做朋友》	张顶锋	三等奖
《西游记》	黄文迪	三等奖
《平凡的世界》	马嘉穗	三等奖
《家》	蓝伟杰	三等奖
《精要主义》	陈武	三等奖
《人间有味，自在从容》	毛国欣	三等奖
《乡土中国》	陈静梅	三等奖
《活着》	赵珊	三等奖
《南京大屠杀》	陈玥	三等奖
《时间简史》	韦育莲	三等奖
《飘》	韦滩桑	三等奖
《怎样销售你自己》	张宗宏	三等奖
《百年孤独》	朱杰舟	三等奖
《活着》	刘江	三等奖

第四节　"同读一本书"活动效果

一、阅读习惯的培养

开展同读一本书活动，参赛学生把自己喜欢的书籍分享出来，这些书成为学校图书馆热门图书。

学校的官方微信对第二届同读一本书的初赛、复赛都进行不同方面的报道，"同读一本书"阅读活动在学生中影响面扩大，"一个人读书是孤独的，分享阅读是快乐的""共同阅读、快乐分享"等理念深入人心。

二、加强阅读指导

很多同学在一开始不知道怎么样在 5 分钟之内分享一本书，经常在群里问是不是把书中认为重要的段落或句子分享出来就可以了；也有同学不知道怎么制作 PPT 等等问题。针对学生提出的问题或疑惑我们都一一给予指导。例如在阅读分享的时候笔者会跟学生探讨怎么去分享一本书的。首先简单介绍这本书，书的作者、写作背景、主要内容等方面大概简单介绍，给大家提供关于这本书的一个整体概念；其次是介绍吸引读者的部分，这本书最打动人的内容有哪些？为什么受打动？等等，把这部分内容分享出来引起听众的共鸣，也是一种寻找知音的方式；然后是分享这本书给大家的理由，这种书我认为值得推荐分享的地方以及分享的理由等；最后是关于这本书的主题还有哪些书也是值得我们去阅读的等等相关内容，这样的分享让这本书生动起来，很容易打动听众，忍不住想一睹为快的阅读感。而分享的学生在阅读中渐渐地养成了很好的思考能力，在分享中也有了更多的个人的想法。通过参加"同读一本书"阅读活动，其实就是告诉学生学会怎么样去阅读一本书。

第五节 "同读一本书"活动启示

一、创新评分赛制

阅读活动的开展是一个不断创新的过程，在第一届同读一本书活动中，我们发现参赛学生的水平参差不齐，有些还差距很大，评分等级明显。为了促进更多的学生参赛，也为鼓励相对水平较差的同学参赛，我们在第二届同读一本书中设计初赛和复赛，在初赛阶段由学生自己评分，从学生的角度来评价自己的作品，一方面让学生换成评委的角度去学习怎么样做好图书分享，另一方面把相对水平差点的同学区分出来，这样评为三等奖的同学，本身能积极参赛而且还获奖这是一件非常值得高兴和鼓励的事情，同时又保护了这些同学的积极性。这样既鼓励他们积极参赛，同时也减轻评委老师的工作量的评分就是在总结第一届同读一本书阅读活动中创新出来的。

二、合理分配学生阅读投入精力

图书馆阅读推广活动首先需要了解读者层次，"同读一本书"就是在充分了解学生的基础上开展的阅读活动。高职院校学生认真地阅读完一本书并能分享出个人对该书的想法是一件不容易做到的事情，更何况还要认真做 PPT，再上台分享，这个过程本身需要付出很多时间和精力。对于高职院校学生而言，尤其对于像笔者所在的工科类高职院校，学生任务繁重，阅读热情不高，积极性欠缺，如何鼓励更多的学生参与到一次大型的阅读活动中来，这时需要的是年轻人的合作心态。几个人一起分享，这样无论阅读还是在制作一个精美的 PPT 都有人一起承担，这样分解下来参与活动的任务不是很重，参与的热情就高昂起来。2-5 人的参与恰好给予学生一种既能分担任务又能承受的阅读活动范围。

三、持续修订方案

在阅读活动的开展过程中不断根据学生参与的程度而修改方案，因为每届学生的素质不一样，在学生活动开展的过程中，学生有任何疑惑都可以给予指导，同时学生对活动提出的一些看法建议要及时采纳，不断修正方案中存在的不足，这样阅读活动才会持续开展下去，最后形成学生喜爱的阅读活动品牌。

第四章　"朗读者"阅读推广

第一节　"朗读者"的前身——我是"说"书人

说书是一种非常古老的传统曲艺，大约起源于宋代。一般指只说不唱的曲艺，如宋的讲史、元的平话，以及现代的苏州评话、北方评书等。有时也作广义使用，兼指某些有说有唱的曲艺，如弹词、蒙语说书等。[①]

一、"我是'说'书人"阅读活动方案

（一）活动目的

通过学生对阅读书籍的理解，用说书、唱书、戏剧表演、朗诵等各种形式表现出来，其中它更侧重于对所阅图书内容用说的方式表演出来。

（二）参赛要求

1-5人为一个参赛单位，以发出声音的形式来开展一本书或书中某一选段，例如：说书、评书、朗诵、歌唱、戏剧等方式，总时长为5-10分钟。

（三）活动对象

全院学生。

---

① https://baike.baidu.com/item/%E8%AF%B4%E4%B9%A6/7199159?fr=aladdin

（四）报名方式

报名咨询：655087181（qq 群）

报名截止日期：2017 年 12 月 6 日

（五）奖项设置

一等奖（20%）：奖品 + 证书 +8 个阅读积分

二等奖（40%）：奖品 + 证书 +7 个阅读积分

三等奖（40%）：奖品 + 证书 +6 个阅读积分

（六）活动时间及地点

活动时间：2017 年 12 月 12 日

活动地点：实训裙楼 204

（七）组织机构

主办方：学院图书馆、学院学生工作处、读书爱好者协会

活动海报如图 4-1 所示。

图 4-1 "我是'说'书人"活动海报

在 2017 年 12 月 12 日举办了"我是'说'书人"的阅读活动。这次阅读活动总共 40 个小组 81 人参赛，其中一等奖 8 个小组，二、三等奖各 16 个小组（各小组参赛的作品以及形式如表 4-1 所示）。其中 40 个作品中有一半以上是以朗诵的形式进行比赛。不难看出朗诵是最简单的比赛方式，恰好这种简单的方式才是最适合高职院校学生的。于是，以朗诵比赛形式的阅读活动产生即"朗读者"。

表 4-1 各小组参赛作品

书名	选段	形式	名次	奖项
《水浒传》	武松打虎	表演＋说书	1	一等奖
《药》	老栓买药、小栓买药	表演	2	一等奖
《西游记》	节选	对话、评书	3	一等奖
《造房子》	节选	说书	4	一等奖
《背影》	节选	朗读	5	一等奖
《西游记》	三打白骨精之白骨精再施连环计	说书	6	一等奖
《巴别塔之犬》	节选	评书	7	一等奖
《萧十一郎》	情人的手	说书	8	一等奖
《红楼梦》	节选《初相见》	朗读	9	二等奖
《白说》	岁月	评书	10	二等奖
《徐志摩诗歌全集》	节选《再别康桥》	朗诵	11	二等奖
《小王子》	第二十一章	说书	12	二等奖
	有一种幸福，叫知足	演讲	13	二等奖
《中华散文百年精华》	《与妻书》全篇	剧情	14	二等奖
《信念》	节选	评书	15	二等奖
《佟麟阁》	第一部分	书评	16	二等奖
《白玉苦瓜》或《余光中诗选》	节选《乡愁》	朗诵	17	二等奖
《美洲小宇宙》	第二十二章	朗诵	18	二等奖
《我的记忆》	雨巷	朗诵	19	二等奖
《红楼梦》	节选黛玉葬花词	朗诵	20	二等奖

书名	选段	形式	名次	奖项
《空山鸟语》	1—6 段	朗诵	21	二等奖
《红星照耀中国》	节选	评书	22	二等奖
《小王子》	1."我"的小时候；2. 小王子游历的各个星球	评书	23	二等奖
《我在未来等你》	节选	说书	24	二等奖
《朱自清全集》	节选《背影》	说书、朗诵	25	三等奖
《我只是敢和别人不一样》	生活才是最大的爱人	说书	26	三等奖
《萤火虫小巷》	节选	朗诵	27	三等奖
《全唐诗》	《春江花月夜》	朗诵	28	三等奖
《送你一匹马》	《你看这个人》	朗诵	29	三等奖
《朱自清散文集》	《背影》	朗诵	30	三等奖
《荷塘月色》	节选	朗诵	31	三等奖
《徐志摩诗歌精品集》	节选《再别康桥》	朗诵	32	三等奖
《偷影子的人》	影子的秘密	评书	33	三等奖
《汪国真精选集》	节选《宽容》	朗诵	34	三等奖
《小时代.Ⅰ》	节选	评书	35	三等奖
《匆匆》	《等我们老的时候》	朗诵	36	三等奖
	节选《匆匆》	朗诵	37	三等奖
	《大堰河我的保姆》	朗诵	38	三等奖
《和时间做朋友》	第五章思考	说书	39	三等奖
《被切除》	节选	说书	40	三等奖

第二节　"朗读者"的设计方案

由央视著名主持人董卿担当制作人、主持人的《朗读者》节目于 2017 年 2 月 18 日起每周六、周日晚上 8 点在中央电视台播出。节目播出后深受广大观众的好评。它是以个人成长、情感体验、背景故事与传世佳作相结合的方式，选用精美的文字，用最平实的情感读出文字背后的价值，节目旨在实现文化感染人、鼓舞人、教育人的传导作用，表达有血有肉的真实人物情感。全国掀起一股朗诵热潮，到朗读亭排队朗诵的人络绎不绝，全国很多机构部门借鉴《朗读者》的节目的形式开展各类相似的活动。于是借着这股热潮，广西建设职业技术学院图书馆针对老师主办了第一届"朗读者"阅读活动。

此次"朗读者"阅读活动深受老师们的喜爱，很多学生观看后纷纷建议图书馆在学生层面也开展类似的"朗读者"活动，2018年上半年图书馆主办开展了学生层面的第一届"朗读者"阅读活动。

一、第一届"朗读者"比赛方案

（一）活动目的

为弘扬中华优秀经典美文、活跃校园文化及书香校园建设，展现我校学生的风采，丰富大学生文化生活，培养学生对图书的阅读兴趣，提高其阅读能力，为当代大学生树立正确的价值观、人生观，特举办"朗读者"朗诵比赛。

（二）参赛对象

全院学生。

（三）朗诵主题

阅读青春·阅读经典。

（四）参赛要求

朗诵内容为自选图书中的章节，思想积极向上；脱稿朗诵；时间不超过五分钟；每组人数1-5人；自选PPT的背景音乐。

（五）报名方式

报名咨询：531871154（QQ 群）。

报名截止日期：2018 年 4 月 8 日。

（六）评分办法及标准

评分办法：比赛采取现场朗诵，评委现场打分的办法进行，取平均得分为参赛选手最终得分。

评分标准（满分 100 分）：

1.内容：紧扣主题，表达准确，内容充实生动，积极向上，有真情实意。（30 分）

2.语速：普通话标准，口齿清晰，声音洪亮，正确把握朗诵节奏，富有感召力，朗诵抑扬顿挫。（30 分）

3.仪态：精神饱满，姿态得体大方，感情饱满真挚，表达自然，能通过表情的变化反映朗诵的内涵。（20 分）

4.台风：能正确把握朗诵内容，声情并茂，朗诵富有韵味和表现力，能与观众和评委产生共鸣。（20 分）

（七）奖项设置

一等奖（10%）：奖品 + 证书 +8 个阅读积分

二等奖（40%）：奖品 + 证书 +7 个阅读积分

三等奖（50%）：奖品 + 证书 +6 个阅读积分

（备注：获一等奖的同学可在 5 月份与教师同台参加"朗读者"）

（八）比赛时间及地点

比赛时间：2018 年 4 月 10 日 14 点。

比赛地点：实训裙楼 204 教室。

（九）组织机构

主办方：图书馆。

协办方：读书爱好者协会。

活动海报如图 4-2 所示。

图 4-2 活动海报

二、第二届"朗读者"比赛方案

(一)参赛要求

1. 诵读内容为自选图书章节，以经典美文为主，体裁不限，思想积极向上，内容要兼具思想性、文化性、艺术性，弘扬中华优秀传统文化；

2. 每组人数 1-6 人脱稿朗诵的形式，作品格式为视频（MP4、AVI 等常用格式），视频总时长不超过 5 分钟；

3. 作品要求具有原创性，严禁请人代录，一经发现取消参赛资格。

(二)比赛程序

比赛分两个阶段：

第一阶段：初赛阶段（2019 年 3 月 15 日—4 月 15 日）

该阶段各参赛小组自行录制视频，并在 4 月 15 日之前把录制的视频发送到 1062174452@qq.com 邮箱，确定作品提交。图书馆对提交作品进行初评，确定入围作品并晋级进入复赛，未入围作品将评为鼓励奖。

第二阶段：复赛阶段（2019 年 4 月 23 日前，具体时间地点另行通知）

图书馆组织老师对已入围晋级的作品进行现场评分，各小组现场竞赛，分别评出一、二、三等奖，其中一等奖占入围作品数的 20%，二等奖占入围作品数的 30%，三等奖占入围作品数的 50%。

（三）报名方式

扫码报名：

报名截止日期：2019 年 4 月 15 日。

"朗读者"咨询群：531871154（QQ 群）。

（四）奖项设置

一等奖（20%）：奖品 + 证书 +12 个阅读积分

二等奖（30%）：奖品 + 证书 +10 个阅读积分

三等奖（50%）：奖品 + 证书 +8 个阅读积分

鼓励奖（若干）：奖品 + 证书 +6 个阅读积分

（备注：获一等奖的同学可优选参加广西首届高职高专"最美朗读者"比赛。）

（五）活动对象

全院学生。

（六）活动时间

2019年3月15日—2019年4月23日。

（七）主办方

图书馆。

活动海报如图4-3所示。

图4-3 活动海报

在2019年4月16日截止日共收到290位同学提交的125个朗诵视频作品。

第三节 "朗读者"的实施过程及效果

第一届"朗读者"有127名学生报名参赛，他们选择喜欢的图书章节内容进行朗诵，汇总起来总共55个内容，其中朗诵内容频率较高的作品有朱自清的《匆匆》、毛泽东的《沁园春·雪》、舒婷的《致橡树》、食指的《相信未来》等这些，重复率高的内容只算一次（具体学生参赛喜欢选择图书的章节内容见下表 4-1）。在这 55 个内容中有我们耳熟能详的作品，如《蜀道难》《爱莲说》《桃花源记》等，也有我们不太熟悉的作品，如《在心灵的一盏灯》《活了一百万次的猫》《有一天》等，学生通过朗诵比赛的形式阅读经典美文更是体会深刻。

表 4-1　学生参赛喜爱书目

书名（章节或选段）
冰心《一只小鸟》
《红楼梦》中林黛玉进贾府
碑林路人《当我们老的时候》
《在心灵的一盏灯》第一章 平衡心态
李白《蜀道难》
林白《过程》
《桃花源记》
《活了一百万次的猫》
《面朝大海，春暖花开》
毛泽东《沁园春·雪》
刘瑜《愿你慢慢长大》
闻一多《一句话》
柯岩《周总理，你在哪里》
维克多·弗兰克尔《活出生命的意义》第一部分　在集中营的经历（节选）
汪国真《我微笑着走向远方》
《白杨礼赞》
《将进酒》
《我与地坛》中的《秋天的怀念》
路遥《平凡的世界》
《我骄傲，我是中国人》
《父亲的来信》
席慕容《独木》
戴望舒《雨巷》

续表

鲁迅《记念刘和珍君》
现代诗《世界》
绘本《有一天》
食指《相信未来》
海狼《大漠深处的胡杨》
《人一生要读的60篇美文》中的《雪夜》
徐志摩《徐志摩经典大全集》中的《我不知道风是在哪一个方向吹》
拉迪亚德·吉卜林《如果》
北岛《回答》
十二《最好的年龄才刚开始》越来越与爱无关2
《木兰诗》
《巴金散文》中的《做一个战士》
《满江红》
《四月的纪念》
王勃《滕王阁序》
周敦颐《爱莲说》
余光中《乡愁》
戴望舒《寻梦者》
《面朝大海春暖花开》
冯至《南方的夜》
毛泽东《沁园春·长沙》
路遥《平凡的世界》节选
林清玄《你心柔软，却有力量》
朱自清《朱自清精美散文》中的《匆匆》
东野圭吾《解忧杂货店》第二章 深夜的口琴声
泰戈尔《采果集》节选第七六、第八一、第八三
汪国真《热爱生命》
爱梦《风景在海边》
（英国）毛姆《月亮与六便士》片段
舒婷《致橡树》
海伦·凯勒《我生活的故事》

在这 127 人当中有四位同学表现非常突出，他们是吕秋兰的《纪念刘和珍君》、韦滩桑的《红楼梦》中林黛玉进贾府片段、李德群和张静艳的《四月的纪念》。图书馆把他们的节目推选出去参加"全国大学生中华经典美文诵读大赛"。全国大学生中华经典美文诵读大赛共征集到 300 余个高等院校的 900 多份作品，吕秋兰的《纪念刘和珍君》获得入围奖，最后虽未能取得名次，但这也是对所有参赛学生的最大鼓励了。

2019 年虽然没有全国大学生中华经典美文诵读大赛，但有广西的"最美朗读者"。高职院校图书馆通过组织这方面的阅读活动既鼓励每位学生积极参与，又支持优秀者走去校园，去与同龄人竞赛，锻炼自己、找出差距，提高自己。

2019 年第二届"朗读者"和 2018 年第一届"朗读者"相比，在参赛要求和比赛程序上有了很大的改变。为了鼓励更多的学生参与到"朗读者"活动中去，也为了增加"朗读者"活动的趣味性，我们在第二届活动中设置了初赛，也就是每位选手先通过录制视频，评委从视频中先对作品进行评选，评选出那些态度端正，认真对待朗诵的学生进行复赛。对于一些只是抱着"重在参与"心态的同学，主办方也热烈欢迎其参与到朗诵中来，给其机会尝试自我录制视频锻炼自己，提高自己。第二届"朗读者"总共 235 人参赛提交 115 个视频作品。

第四节　"朗读者"阅读活动对图书馆阅读推广的影响

一、鼓励学生积极参与

2018 年第一届"朗读者"比赛全程 4 个半小时，共 63 个小组 127 名参赛人员，5 分钟脱稿朗诵，个个都想把自己最好的一面展示出来，很多同学比赛完之后意犹未尽，问是否可以再来复赛决赛。在第二届"朗读者"活动中我们采纳学生的建议，采取初赛和复赛的形式给优秀的学生更多的展示机会。初赛时我们统一从学生提交的视频中直接筛选，学生在第一阶段视频录制中已经是一次很好的锻炼，如果参赛队员认真准备，并在视频中能很好地展示自己，我们就给其现场复赛的机会。这样的方式，一方面鼓励高职学生积极参与图书馆的阅读活动，不管你是否优秀，只要你想都可以参与，体现图书馆核心价值中的平等思想。同时我们再次进行复赛，把真正优秀的学生选出来再次给他们锻炼的机会去提高自己，这是为学生着想的角度出发，真正体现一切为读者服务理念。

二、促进身心健康

阅读活动的名字虽是"朗读者"，但我们比赛的方式却是脱稿朗诵的形式举行。朗诵不同于朗读，朗读更简单，只需要用清晰、响亮的声音把文章读出来即可。而朗诵则是用清晰、响亮的声音把文章背出来，以传达文章的思想内容。德国一项研究显示，朗诵诗歌不但能激发人的爱心共鸣，还能起到缓解压力的作用，使朗诵者的心脏更加健康。 在该研究中，研究员先测量 7 名参加者的心率 15 分钟，再把他们分成两组，一组朗诵 30 分钟的诗歌，另一组则自由交谈相同的时间。然后，研究员再次测量他们的心率 15 分钟。结果显示，朗诵诗歌组的心率减慢，并且能与呼吸相协调，这种作用在他们停止诵诗后仍能维持 15 分钟之久。而自由交谈组的心率则没有这样的变化。这一研究结果也可以解释为什么唱歌也可以起到镇静的作用，因为在吟唱悠扬的歌曲时也能使呼吸变得深慢。

三、提高学生读写能力

在高职院校学生开展朗诵比赛，可以提高学生对所阅文字的理解能力，个人的记忆能力以及写作能力也得到提高；可以提高学生的阅读能力，增强艺术鉴赏，通过朗诵，可以陶冶性情，开阔胸怀；还可以提高语言表达能力，使人更加自信。

　　"朗读者"活动不仅仅对学生个人有很大的提升，对图书馆开展其他阅读活动也非常有帮助。"朗读者"活动帮助学生找到自信，在图书馆其他的阅读活动也积极参赛，有利于图书馆其他的阅读活动顺利开展。

第五章 "书香班级""书香达人"阅读推广

第一节 "书香班级""书香达人"活动背景

2014 年《政府工作报告》中首次提出"倡导全民阅读",2015 年《政府工作报告》中把"倡导全民阅读,建设学习型社会"作为工作目标,2016 年的《政府工作报告》提出"倡导全民阅读,普及科学知识,提高国民素质和社会文明程度"作为导向,2017 年《政府工作报告》中更是把连续三年"倡导全民阅读"修改为"大力推动全民阅读","普及科学知识"改为"加强科学普及",2018 年《政府工作报告》提出"开展全民阅读活动"。在整个国家"倡导全民阅读,建设书香社会"口号的号召下,开展书香班级活动呼之欲出。

在网络环境下,数字化阅读是信息技术发展的产物。便捷、方便、快速地获得所需阅读的内容,是数字化阅读最重要的特征之一,读者可以通过相关搜索快速获得所需信息,现代人在社会快节奏的工作和生活环境下,使阅读时间碎片化,手机阅读和电子阅读器的阅读方式盛行,虽然一方面可以将这些零碎的时间利用起来,满足读者在不同环境中的阅读需求;而另一方面却盛行浅阅读,快餐文化。在网络的数字化阅读世界里,思则止的"浅阅读",是一种休闲性阅读、流行性阅读、快餐式阅读,阅读过程的随意性增强,浏览泛读代替了精读,带给读者的更多是感官享受,很难真正地深入人心，走向精神的丰实和成熟。高职院校的学生正是接受新事物最佳群体，他们对数字化阅读情有独钟，手机阅读在校园里盛行，静下心来慢慢阅读纸质图书与其渐行渐远，图书馆里的图书借阅率逐年递减。

政府工作报告中提到全民阅读，在全国范围内掀起一股阅读推广潮，不仅图书馆开展各类阅读推广活动，很多图书馆纷纷设立阅读推广部，由专人负责阅读推广活动，在这股大潮中，产生了一批具有代表性的阅读推广案例。对于高职院校而言，随着手机的应用，学生进图书馆借阅图书的量逐年递减，学生们习惯于浅阅读和网络阅读。如何引导学生进图书馆并养成阅读习惯，这对于高职院校图书馆而言是一个迫切需要解决的问题。广西建设职业技术学院图书馆也面临同样的问题，学生素质整体下降，学生的借阅率降低。

面对社会提倡全民阅读，阅读盛行，改变图书馆借阅率逐年下降的大环境下，开展书香班级阅读活动已成为必要。

第二节 "书香班级""书香达人"活动方案

阅读是一种享受，更是一种收获。为了营造建院学子积极向上、求学善思的学习氛围，为了促动更多的同学通过阅读扩充视野、提升综合素质，学工处和图书馆将在全院开展"书香班级"和"书香达人"评比活动，具体活动方案如下：

一、活动时间

2017 年 12 月 18 日起至 2018 年 4 月 30 日。

二、活动对象

全院各班级、全院在校生。

三、评比要求

（一）"书香班级"内容及评比要求

1. "书香班级"内容

（1）"书香班级"创建申请

① 参与"书香班级"评比的班级于 2017 年 12 月 15 日前进行申报；

② 创建申请成功后的班级，可在实训南楼二楼阅读体验中心排期开展活动。

（2）"书香班级"开展时间为 2017 年 12 月 18 日至 2018 年 4 月 15 日，阅读活动主题与方式可自拟，如读书沙龙、朗读者、"同读一本书"心得交流、易书活动等。

（3）通过不同方式鼓励同学们积极借阅图书馆书籍。

2. "书香班级"评比要求

书香班级的评分依据为各班从 2017 年 12 月 1 日至 2018 年 4 月 30 日这段时间内到图书馆借阅图书人均量以及开展读书活动情况这两大部分。总分是 100 分，其中班级图书人均借阅量和开展读书活动各占 50%，即 50 分。

（1）班级图书人均借阅量评分细则

根据各班人均借阅量分为以下五个等级：

① 一等：人均借阅量大于等于 10 本，得 100 分；

② 二等：人均借阅量少于 10 本大于等于 5 本，得 90 分；

③ 三等：人均借阅量少于 5 本大于等于 3 本，得 85 分；

④ 四等：人均借阅量少于 3 本大于等于 1 本，得 80 分；

⑤ 五等：人均借阅量少于 1 本，得 75 分。

（2）开展读书活动评分细则

由图书馆、学工处、阅读体验中心的五位老师组成评审小组，集中对所有提交了读书活动材料的班级当场审阅评分，每位老师根据每班读书活动情况对每个班级进行打分（百分制），取五位老师的平均分即该班读书活动分。

最后各班的总分就是人均借阅量得分 ×50%+ 读书活动分 ×50%。按照各班总分成绩高低评选出一等奖 10 个班级，二等奖 15 个班级，三等奖 9 个班级。

（二）"书香达人"评比要求

1. 充分利用图书馆的馆藏资源，校内学生读者在图书馆外借图书总量在排名前 50。

2. 自觉遵守图书馆规章制度，无损坏图书、超期等违章记录的读者。

四、奖项设置及表彰方式

（一）奖项设置

1. "书香班级"：对已按要求开展阅读活动并提交相关材料的班级，根据评比标准，授予"书香班级"荣誉称号，同时颁发锦旗和奖励。其中一等奖 10 个班级，每个获奖班级奖励 1000 元购书卡；二等奖 15 个班级，每个获奖班级奖励 500 元购书卡。

2. "书香达人"：根据图书馆集成管理系统统计的读者外借图书总量排名进行评选，对排名前 50 名的读者授予"读书达人"称号，同时颁发荣誉证书和购书卡（每人奖励 50 元购书卡）。

（二）表彰方式

于 2018 年 4 月 23 日（世界读书日）期间召开"书香班级"及"书香达人"表彰大会，邀请获奖的班级代表及个人介绍读书心得，营造浓厚的学院读书氛围。

五、经费预算与经费来源

本次活动经费来源于学院学工处与阅读体验中心，主办部门为学工处和图书馆，经费将全部用于奖励获得"书香班级"和"书香达人"荣誉称号的集体和个人。经费预算明细如下：

（一）书香班级

一等奖：10 个班级 *1000 元 / 班 =10000 元（购书卡）

二等奖：15 个班级 *500 元 / 班 =7500 元（购书卡）

奖状、荣誉证书：75 份 *10 元 / 套 =750 元

其他（如邀请函、瓶装水等）共 200 元

一、二等奖奖品、奖状、荣誉证书、邀请函、瓶装水等经费来源于学生工作处，共计 18450 元。

（二）书香达人

50 人 *50 元 =2500 元（购书卡）

此经费来源于学院阅读体验中心，共计 2500 元。

六、活动宣传

学工处以活动文件形式下发到各系部各班级，在班级辅导员的大力宣传下，各班级热烈报名参赛，截止报名日期，总共有 151 个班级报名参赛（详见表 5-1）。

表 5-1　各系报名参赛数量

系部	班级个数
管理工程系	34
设计艺术系	30
设备工程系	23
土木工程系	22
规划与建筑系	18
城市建设与交通工程系	14
信息工程系	7
工商管理系	3
合计	151

第三节　"书香班级""书香达人"活动培训

　　根据各班提交的参赛申请书，以及在书香班级群里各班负责人对开展"书香班级"活动提出的疑惑，图书馆收集整理问题后，对书香班级负责人开展培训。首次培训内容包括这三个方面：了解掌握各班开展"书香班级"活动情况；关于活动开展日期以及提交材料时间问题；答疑和指导读书活动开展。

一、了解掌握各班开展"书香班级"活动情况

　　1.大部分班级负责人表示已经积极组织各班同学到图书馆借阅他们感兴趣的图书，提高班级人均借阅量。

　　2.少数班级已经开展了读书活动，大部分班级的读书活动正在策划和预备开展中。

二、关于阅读活动开展以及提交材料截止时间问题

　　1."书香班级"活动开展时间为 2017 年 12 月 18 日至 2018 年 4 月 30 日。期间经历一个寒假，很多同学对于活动有些被动，因此在培训中需要再次强调活动时间，鼓励各班同学积极到图书馆借阅图书以及开展班级内部阅读活动。

　　2.参评班级需在 2018 年 5 月 10 日前将读书活动方案、活动内容的图片、活动总结等相关材料交到图书馆一楼采编室负责人处。许多班级的活动负责人并不清楚应提供什么活动材料，针对这个问题，培训再次强调每次读书活动需要提供活动方案、活动过程（含图片）、活动总结等基本材料作为"书香班级"的评比依据。

三、答疑和指导读书活动开展

针对活动开展的原则性和方法等问题，负责书香班级的老师对学生读书活动的开展从读书类别和活动地点两方面（如图 5-1"书香班级"培训所示）进行指导。

把学生感兴趣的读书活动进行汇总分类，总共分为五大类，分别是：① 分享交流型，例如同（共）读一本书 / 最喜爱一本书 / 读书分享会 / 故事会等；② 写作型：书评 / 读后感 / 摘抄读书笔记 / 读书笔记展 / 征文活动等；③ 竞赛型：经典美文诵读比赛 / 演讲比赛 / 古诗词擂台赛（古诗词比赛）/ 文学知识抢答（包括诗句对答、猜书名）等；④ 爱好型：摄影脸书 / 制作、设计书签等；⑤ 图书交换型：读书角 / 好书交换站 / 好书换着看等。每个班级结合自己的专业特色以及本班同学的喜好开展丰富多彩的读书活动。

读书活动开展的地点可以根据读书活动类型自由选择合适活动地点。如读书活动地点需设在阅读体验中心，可直接到阅读体验中心前台排时间；如读书活动地点设在图书馆，需与图书馆老师联系提前告知做好准备；也可以直接在本班班级或宿舍开展；也可以在户外开展。

图 5-1 "书香班级"培训

第四节 "书香班级""书香达人"活动评比结果

经过各班同学 5 个月积极参与，截止到活动最后一天，共收到 34 个班级提交的读书活动的材料，按照活动评比标准，最后结果"书香班级"一等奖、二等奖和三等奖从这 34 个班级中产生。

为营造学院学子积极向上、求学善思的学习氛围，图书馆和学工处从 2017 年 12 月至 2018 年 4 月底，在全院在校生中开展了"书香班级"和"书香达人"的评比活动。其中书香班级的评分根据各班人均借书量以及读书活动开展情况进行评比，书香达人的评分以学生在活动期间内个人外借图书总量排名以及自愿参加脱稿 5 分钟读书交流会两个方面进行评比。评选结果如表 5-2、表 5-3 所示。

表 5-2　书香班级

获奖等级	数量	获奖班级
一等奖	10 个	高建 1704 班、路桥 1703 班、检测 1701 班、建工 1707 班、建工 1704 班、宝玉石 1701 班、高建 1702 班、审计 1701 班、建工 1708 班、造价（建筑）1701 班
二等奖	15 个	物业 1701 班、测量 1702 班、室内 1705 班、园林工程技术 1701 班、网络 1701 班、给排水 1504 班、室内 1704 班、环艺 1701 班、路桥 1701 班、房产 1701 班、造价（公路）1701 班、城乡规划 1702 班、建筑设计 1701 班、展示 1701 班
三等奖	9 个	建筑设计 1705 班、建筑设计 1702 班、数码 1702 班、路桥 1704 班、城乡规划 1701 班、网络 1703 班、给排水 1602 班、铁道 1701 班、造价（建筑）1702 班

表 5-3　书香达人

序号	读者姓名	班级	推荐图书
1	梁芯瑶	网络 1701	《月光落在左手上》
2	周莹	网络 1701	《礼节礼貌》

续表

序号	读者姓名	班级	推荐图书
3	罗春花	数码 1702	《别让不好意思毁了你》
4	张琳莹	移动 1701	《你是我的小确幸》
5	陈晓婷	造价（建筑）1705	《牧羊少年奇幻之旅》
6	蒋仕赟	高建 1704	《孙子兵法》
7	罗鹏辉	检测 1701	《边城》
8	周坤	测量 1702	《平凡的世界》
9	唐娟	室内中外 1701	《心理变态》
10	潘丽婷	装饰 1701	《卖掉房子去旅行》
11	吴锡伟	设计 1603	《造房子》
12	韦宛辛	造价（建筑）1704	《看见》
13	梁静	审计 1701	《追风筝的人》
14	李奎源	高建 1704	《活在当下》
15	黄晓玲	装饰 1702	《人在纽约》
16	钟洁	通信 1701	《目送》
17	梁恒瑞	数码 1702	《犯罪心理学》
18	刘克煜	路桥 1703	《中国最美的 100 个地方》
19	王自国	高建 1704	《来自地球往事的三体》
20	陈彩燕	宝玉石 1701	《每一次受伤都是一种成长》
21	陈振祥	城乡规划 1701	《从你的全世界路过》
22	韦春晴	设计 1604	《时光深处的优雅》
23	韦婧蓉	造价（建筑）1705	《致岁月迢迢》
24	周瑛文	数码 1702	《不是世界不好，是你见的太少》
25	黄江海	审计 1701	《活着》
26	艾博	室内 1602	《做一个刚刚好的女子：不攀附，不将就》
27	谭芳芳	房产 1701	《女上司给职场新鲜女孩的 68 封信》
28	黄帝	路桥 1703	《骆驼祥子》

序号	读者姓名	班级	推荐图书
29	黄圣娟	造价（建筑）1608	《人性的弱点》
30	包其	建工 1704	《愿风载尘》
31	刘艳梅	工程造价（公路方向）1601	《繁星·春水》
32	张天晓	通信 1701	《怦然心动》
33	姚世明	高建 1704	《好习惯决定你的未来》
34	黄武华	高建 1704	《中华上下五千年》
35	陆鹏	高建 1704	《读书分享》
36	蒋经伟	路桥 1703	《悟空传》
37	梁嘉莉	风景园林 1601	《少有人走的路》
38	吕秋兰	室内 1602	《几乎成了英雄》
39	黄兰杰	室内 1705	《乖，摸摸头》
40	黄泓深	路桥 1704	《在无趣的时代活得有趣》
41	周廷廷	造价（建筑）1604	《阁楼里的女孩》
42	容兴旭	高建 1704	《乖，摸摸头》
43	蒋娟娟	造价（建筑）1704	《飘在深圳的女孩》

第五节 "书香班级""书香达人"活动改进

在第一届"书香班级""书香达人"活动中出现了为提高班级的借阅量而刷书、借阅能快速浏览阅读的书籍的现象，未能提高学生阅读能力，活动收效甚微。

同时，根据各班提交的有关读书活动的材料来看，高职院校学生开展班级读书活动相对简单，都集中在读一本书、分享阅读体会、摘抄书中优美句子和知识竞赛等几个方面，雷同量大，特色活动少。这是书香班级阅读活动的难点，需要由图书馆阅读推广人提供专业指导。

针对上述问题，在第二届"书香班级"活动中我们重新制定了评价标准。以人均借阅量和参与读书活动次数为评价标准，根据各班从 2019 年 4 月 1 日至 2019 年 11 月 30 日这段时间内到图书馆借阅图书人均量以及参与读书活动人均次数这两大部分进行评分。班级人均借书量达到 5 册（含 5 册）以上，参与学院系部举办的读书活动人均次数 1 次以上（含 1 次）即可授予"书香班级"荣誉称号。

同伴的影响往往更大，为促进共同进步，在第二届书香班级评比中我们增设"书香宿舍"的评比，根据各宿舍在 2019 年 4 月 1 日至 2019 年 11 月 30 日这段时间内到图书馆借阅图书人均量以及参与读书活动人均次数这两大部分进行评分。宿舍人均借书量达到 8 册（含 8 册）以上，参与学院系部举办的读书活动人均次数 2 次以上（含 2 次）即可授予"书香宿舍"荣誉称号。

"书香达人"活动评分标准也进行修改，根据个人从 2019 年 4 月 1 日至 2019 年 11 月 30 日这段时间内到图书馆借阅图书量以及参与读书活动次数两大部分进行评分。参与学院及系部举办的读书活动 2 次以上（含 2 次），借书量排名前 50 名的同学即可授予"书香达人"荣誉称号。

第六节　"书香班级""书香达人"活动启示

一、加强学院各部门合作

在"书香班级"阅读活动中，从开始宣传到提交申请书总共短短不到半个月时间内就有 151 个班级按时提交，能取得这样的成效离不开学生工作处的大力宣传，这是高职院校图书馆单独宣传难以达到的效果。因此，在以后的集体阅读活动中，建议加强学校里与学生工作密切的部门（如学生工作处、团委、教务处）之间的等合作，充分发挥各部门优势，强强联合，形成最大合力，才能更有效地做好校园集体阅读活动。

二、培养阅读推广人

获奖的书香班级具有一个明显的特征，那就是该班活动的负责人除了工作热情、认真负责外，更重要的是本人就是阅读爱好者。由此可见，在各个班级寻找和培养优秀的阅读推广人是高职院校营造书香校园，提升校园文化氛围的重要因素。

怎样去寻找班级阅读推广人呢？可以采用这三种方式：公开招募，图书馆可以招募班级阅读推广人的名义征集各班级热爱阅读的优秀学生，让喜爱阅读的学生主动报名成为阅读推广人；挑选，从图书馆管理系统里统计各班借阅量，图书馆主动联系借阅量靠前的同学，问其是否愿意做阅读推广人或者开展游说工作；推选，由各班自己推选班级阅读推广人。

如何培养学生层面的阅读推广人，让他们真正发挥其作用还需要对阅读推广人进行培养。无论是上述任何一种途径，阅读推广人本身对阅读是感兴趣的，也乐意为阅读活动贡献个人的力量。笔者在与学生交流中积累了一些培养阅读推行人的方法和经验：一是定期开展读书交流会。让阅读推广人在读书交流会中发挥带领学生阅读的引导作用，提高学生的阅读能力，有利于阅读推广人获得其身份认同感，进而才会从内心里去帮助其他同学阅读；二是提供机会让阅读推广人参与到图书馆阅读活动中来。这样可以鼓励他们作为活动组织者尽可能多地开展阅读活动，积累活动实践经验；三是给予奖励。不仅仅是物质上的奖励，更是精神层面的奖励，每年对阅读推广人发放荣誉证书，授予他们学院级别的"阅读推广人"称号。有条件的学校还可以对阅读推广人进行阅读学分的换算奖励。这对于学生而言有很大的吸引力和感召力，有助于阅读推广人队伍持续发展壮大。

第六章 "心随阅动"心理健康类主题书展

图书馆里有许多利用率非常低的图书，究其原因不是由于其书籍质量不好，相反很多都是非常经典的优秀图书。为了提高每本书利用率，让每本书有其读者，让每位读者有其书，各个图书馆都有自己的办法，其中深圳职业技术学院图书馆把借阅率非常低的图书简单描述向学生推荐。广西建设职业技术学院采取的方式是以主题书展的形式向学生推荐图书馆已购入的该类主题图书，如果图书馆没有收藏该主题下某些优秀的图书，学院就会向图书馆采访部门进行推荐购买。这种集推荐利用与完善馆藏于一体的主题书展得到本校师生们欢迎。

第一节 "心随阅动"主题书展的缘起

做主题书展首先要确定主题。由于笔者对学院学生心理状态有一定了解，而且有心理专业老师提供咨询意见，阅读疗法对于本校图书馆而言也是非常熟悉的课题，于是就确定了以心理类为主题的书展。根据学院心理健康教育中心的老师的建议，图书馆确立以学生最关注的恋爱类、人际关系类、时间管理（拖延症）类、情绪管理类、自我意识类这五大类作为书展的主题。我们从图书馆已收藏的图书种按照以下两个条件挑选作为展出书籍：一是在当当网好评达 99% 以上；二是豆瓣书评达 8 分以上。

　　根据上述两个条件挑选出书目之后，按照书名、作者、索书号、图书的封面图片以及 200 字左右的简介为主要内容制作成小册子发放给学生，感兴趣的学生拿到小册子后可以有范围挑选个人喜欢的图书。同时把这些图书单独陈列出来，放在主题书架上，便于学生们借阅。针对这次主题书展，图书馆设计了专门的主题宣传海报（如图 6-1、图 6-2 所示）在图书馆、食堂以及学生宣传栏进行宣传。

图 6-1　"心随阅动"主题书展海报

图 6-2　"心随阅动"主题书展目录

第二节 "心随阅动"主题书展的内容

一、恋爱类图书

1. 书名：《爱的五种语言：创造完美的两性沟通》

作者：〔美〕盖瑞·查普曼

索书号：C913.1/403

图书概要：爱的五种语言——肯定的言词、精心的时刻、接受礼物、服务的行动、身体的接触。学会理解对方爱的语言，才能智慧地往对方的情感账户里"存款"，对方才会有被爱的感受。

2. 书名：《完美关系的秘密》

作者：杨冰阳

索书号：C913.1/285

图书概要：本书可以帮助那些被感情困扰的男女在恋爱和婚姻中更成熟机智地处理问题，帮助女性了解如何保护自己的身心、珍惜自己的青春，运用书中真实有效的方法和技巧主动为自己、更为自己在乎的人做得更好，在感情生活上获得更大的成功和快乐。

3. 书名：《男人这东西》

作者：〔日〕渡边淳一

索书号：C913/13

图书概要：文学大师渡边淳一两性关系经典读本。两性和谐，从知己知彼开始。你至少该知道，男人其实是这样的！本书以坦直真诚的笔触，详尽剖析了现代社会中的男性自少年期、青年期直至壮年期的身心发展历程，他们在社会、家庭中面临的压力、困惑以及其与生俱来的性格弱点。

4. 书名:《为何爱会伤人》

作者:武志红

索书号:C913.1/407

图书概要:为何爱会伤人?因为我们常常看不清爱情的真相,总是与自己幻想出来的人相爱,而忽略对方的真实存在。我们所歌颂的美好爱情,从心理学的角度看,其实只是爱情的初级阶段。为何爱会伤人?因为我们无法正视自己的内心,总是把幸福寄托在找到一个正确的人,而从不反思自己的真正需要。其实,大多数的爱情悲剧,都是两个人造成的。为何爱会伤人?武志红从心理学的角度,给了我们答案:爱情是一个轮回,在爱情中,我们想重温童年的美好,修正童年的错误。我们在童年所经历的幸与不幸都将在爱情中找回来,童年时与异性父母的关系也决定了我们与爱人的关系。

5. 书名:《爱上双人舞》

作者:李中莹

索书号:C913.1/76

图书概要:本书可以帮助那些思想未曾充分成长的男女在恋爱和婚姻里都能够更成熟、成功地处理事情,能够帮助人们懂得为自己做点事,在感情生活上获得更大的成功和快乐。书中介绍了一些真实有效的概念和技巧,旨在帮助和指导人们能够实实在在并主动为自己、为自己的感情生活、更为自己在乎的人做得更好。如何拥有和谐的恋爱、婚姻生活,成功的婚姻,就像是配合默契的双人舞。

6. 书名:《女人这东西》

作者:〔日〕渡边淳一

索书号:I313.45/83

图书概要:本书从经验与情感出发,以医学理论为基础,详细剖析了从青春期到更年期的八类女性(女权主义口号下的女人、信奉永恒爱的女人、同性爱的女人、出轨的女人、歇斯底里的女人、说谎的女人、性感缺失的女人、更年期的女人），她们在社会角色与情感生活中呈现出的与生俱来的优势与弱点，以及特殊的心理与思维方式。

7. 书名：《男人来自火星，女人来自金星》

作者：〔美〕约翰·格雷

索书号：B844.6/31

图书概要：对男人来说，真正的爱不是试图改变对方；对女人而言，在选择自己的终身伴侣时，内心常会涌现出想改变男人的冲动。为什么两人无法继续携手同行？是男女之间的差异，还是你认为的彼此不合适，但你不妨这样思考：你的伴侣来自另一个星球。男人来自火星，女人来自金星，两个星球的习惯截然不同，只要我们能用积极的心态对待彼此的关系，并尽力了解这种差异，天下有情人终成眷属，且关系更加亲密。

8. 书名：《爱的艺术》

作者：〔美〕艾里希·弗洛姆

索书号：B82/21 或 B82/30

图书概要：关于爱是什么，为何我们需要爱等问题，在《爱的艺术》这本书中，当代心理分析学家艾里希·弗洛姆有着不同于一般人对爱的诠释。爱的艺术并非是一本教人学会如何爱的情爱圣典，而是关于指导人生意义的心灵哲学类书籍。本书要告诉读者，爱情不是一种与人的成熟程度无关，只需要投入身心的感情。这本书要说服读者：如果不努力发展自己的全部人格并以此达到一种创造倾向性，那么每种爱的尝试都会失败；如果没有爱他人的能力，如果不能真正谦恭地、勇敢地、真诚地和有纪律地爱他人，那么人们在自己的爱情生活中也永远得不到满足。

9. 书名：《亲密关系》

作者：罗兰·米勒

索书号：C912.1/725

图书概要：爱情是人类情感中最美妙的一种体验，古今中外有许多关于爱情的伟大文学作品，但从心理学角度对两性关系进行科学而系统总结的专著尚为数不多。《亲密关系》从一出现，就立即获得读者的普遍喜爱，不仅得到了专业人士的首肯，更是得到普通读者的高度评价。对于个人来说，只要他（她）想获得一份满意的亲密关系，都可以从中得到启发。

10. 书名：《当男人遇见毕加索，女人遇见牛顿》

作者：韩龙

索书号：C913.1/244

图书概要：恋爱是个技术活儿！在两性情感中，男人往往是理性的，而女人是感性的。就好像是科学家牛顿和艺术家毕加索。但理性离不开感性，就像是牛顿喜欢坐在苹果树下，一次科学的发现离不开美丽的邂逅。同样的感性也离不开理性，毕加索的抽象画永远都是从心而发，但却永远反映现实。

11. 书名：《天长地久的奥妙》

作者：〔美〕简尼斯·R·列文，霍华德·J·马克曼

索书号：C913.1/82

图书概要：在本书中，32 位婚姻家庭专家，从他们的职业角度谈论广泛、有趣、敏感、热烈和神秘的爱情话题，并且始终憧憬于怎样构建真正幸福的长期关系。文章写得深入浅出、热情洋溢。此外，本书还包含了名人夫妇们智慧的金玉良言，相信对读者也会有所启示。

12. 书名：《爱情不设限：永不放弃的心比钻石更珍贵》

作者：力克胡哲，佳苗胡哲

索书号：C913.1/310

图书概要：力克胡哲在澳大利亚长大，他四肢皆无降临人世，曾心存疑惑，不知道自己能否拥有人生伴侣。在世界的另一端，墨西哥长大的日籍女

孩宫原佳苗目睹了父母的分道扬镳，她怀疑相亲相爱、白头偕老的婚姻是否真的存在。

两个人经历了感情挫折人，终于不可思议地相遇了：永不放弃的心，给了力克强大的勇气，他说这一生都无法抓住佳苗的手，但他只要抓住她的心，就可以将这遗憾填补。佳苗也终于知道了谁才值得陪伴一生：一个男人，在情感世界里拥有主动、强大、不放弃的精神，将超越一切外在的不完美！

13. 书名：《爱是光着脚的哲学：古代智慧与现代爱情》

作者：〔美〕大卫·奥·康纳

索书号：C913.1/400

图书概要：本书是圣母大学哲学教授 David O.Connor 的哲学课原版手稿首度译作。本课的探讨内容包括柏拉图哲学经典《会饮篇》《斐德罗篇》、莎士比亚戏剧，亦有托马斯曼的名作《威尼斯之死》、现代小说家安德鲁·德布斯的短篇小说集等，结合数部电影，从古代的哲学智慧维度探讨现代爱情。将古希腊神话天真烂漫的想象力、古代哲人对爱情永不停歇的诚挚思考杂糅进现代人对爱情的想象之中，剑走偏锋地用经典哲学品析当下耳熟能详的电影、小说、戏剧，分析剧中的人物心理与恋爱关系，对于古希腊哲学思想如何丝丝入扣地影响了现代爱情世界，提出了一些非常独到的恋爱观。

14. 书名：《只有一个人生》

作者：周国平

索书号：I267/6074

图书概要：大学校园里一直流传着"男生不可不读王小波，女生不可不读周国平"之说，周国平的散文以情理并茂、哲理和诗情交融著称，20 余年来长销不衰，滋养了数代年轻人的心灵。生命纯属偶然，所以每个生命都要依恋另一个生命，相依为命，结伴而行。生命纯属偶然，所以每个生命都不属于另一个生命，像一阵风，无牵无挂。每个人都只有一个人生，她是一个对我们从一而终的女子。我们不妨尽自己的力量引导她，充实她，但是，不管她终于成个什么样子，我们好歹得爱她。

15. 书名：《爱是一场渐行渐远的分离》

作者：周国平等

索书号：I16/176

图书概要：本书为女性读者精选了周国平、毕淑敏等中外名家经典散文，本卷以"情感"为主题，收录了《许多事情都无法遗忘》《爱情没那么美好》《在目前心里流浪》等名作，内容丰富多样，期望读者能够体悟身边的幸福与感动。

16. 书名：《爱的五重奏》

作者：周国平

索书号：I267/6472

图书概要：《爱的五重奏》是当代著名学者周国平关于"爱"这一主题的全部随笔结集，时间跨度 20 余年。作者以女性为核心，从性爱、爱情、婚姻、孩子几个角度切入，恰如钢琴五重奏，对爱情既有形而上的哲学式冷峻探究，又有来自丰富阅历中对于人间各色情爱的温厚体察。文笔优雅沉郁，观点发人深省。周国平向我们展示了：孤独之不可消除，使爱成了永无止境的寻求。在这条无尽的道路上奔走的人，最终就会看破小爱的限度，而寻求大爱，或者超越一切爱，而达于无爱。

二、人际关系类图书

1. 书名：《卡耐基沟通的艺术与处世智慧》

作者：〔美〕戴尔·卡耐基

索书号：C921.1/542

图书概要：《卡耐基沟通的艺术与处世智慧》教会人们克服畏惧、建立自信，实现良好的人际沟通，开发原本拥有但却不曾利用的潜能。阅读此书，可以从日益增长的自信和热忱中，得到生活的力量，增进沟通意见的能力，学会做人处世的技巧。在职场上、在社交上、在个人生活中，都有详细的讲解，对于开阔我们的视野，在各种场合下发表恰当的谈话，博得赞誉，获得成功，将有宝贵的启示和借鉴作用。

2. 书名：《非暴力沟通》

作者：〔美〕马歇尔·卢森堡

索书号：C912.1/481，C912.1/728

图书概要：著名的马歇尔·卢森堡博士发现了一种沟通方式，依照它来谈话和聆听，能使人们情意相通，和谐相处，这就是"非暴力沟通"。作为一个遵纪守法的好人，也许我们从来没有想过和"暴力"扯上关系。不过如果稍微留意一下现实生活中的谈话方式，并且用心体会各种谈话方式给我们的不同感受，我们一定会发现，有些话确实伤人！言语上的指责、嘲讽、否定、说教以及任意打断、拒不回应、随意出口的评价和结论给我们带来的情感和精神上的创伤，甚至比肉体的伤害更加令人痛苦。这些无心或有意的语言暴力让人与人变得冷漠、隔膜、敌视。

3. 书名：《幽默沟通学：零距离制胜的口才秘籍》

作者：陈浩

索书号：C912.1/593

图书概要：幽默是一种智慧，是一种聪颖，是一种机敏。幽默是一种才华，一种力量，是一种艺术。幽默是引发喜悦和快乐的源泉，是协调自我和社会关系的灵丹妙药。凡是幽默的人，无不具备一种俯瞰茫茫人世的洞察力。一个风趣幽默、具有出众口才的人，不管是人际沟通、商业谈判、职场演说、还是谈情说爱，都会让人们刮目相看，不管在什么地方都能成为人们所关注的焦点。学会了幽默沟通的方法，我们在跟人交往时就能够如鱼得水，在轻松一笑中解除一天的烦累，让言辞多趣味，幽默到心田，我们的人生也会拥有更多的乐趣和成功。

4. 书名：《跟任何人都聊得来》

作者：〔美〕迈克·贝克特尔

索书号：C912.1/732

图书概要：跟任何人都聊得来？内向的人也可以？是的，内向的人往往更善于倾听，更善于从对方的思维角度出发，从而获得更多的信息和信任。在本书中，贝克特尔将有效人际沟通的精髓概括为 5 句话：① 要有自信，至少显得有自信；② 事先做好准备，平时多留意收集信息；③ 千方百计让自己变得有趣；④ 学会倾听，真正对对方的话题感兴趣；⑤ 也是最重要的一点，永远从他人的思维角度出发，真正把对方放在你心上。

5. 书名：《沟通的艺术：看入人里，看出人外》

作者：〔美〕罗纳德·B·阿德勒，拉塞尔·F·普罗科特

索书号：C912.1/498

图书概要：《沟通的艺术》分为"看入人里""看出人外"和"看人之间"三个部分："看入人里"主要探讨与沟通者有关的因素，说明了人际关系的本质，强调自我在沟通中的角色，并分析了知觉与情绪在沟通中的重要性；"看出人外"聚焦于沟通者之外信息的传送与接收，分析了语言的运用和非语言线索的特征，强调了倾听的重要性；"看人之间"则主要讨论了关系的演变过程，侧重于亲密关系的区辨，提出了增进沟通氛围、处理人际冲突的各种沟通方法。

6. 书名：《说话的魅力：刘墉沟通秘笈》

作者：刘墉

索书号：I712.6/78，H019-49/162

图书概要：说话的魅力，沟通的秘笈。刘墉先生以"说话"为主题，教你如何坏话好说，狠话柔说，大话小说，笑话冷说，重话狠说，急话缓说，长话短说，虚话实说。他也帮你分析古今中外的幽默，教你埋下伏笔、营造气氛，引爆笑点，把僵硬的语言变得婉转，黑白的语言变成彩色，甚至教你

说话的时候需要注意的呼吸调整、仪表姿态、养气之方。生活化的小故事，由浅入深的道理，既有"战略"，也有"战术"，人际交往中的诸多微妙尽显笔端，作者三十多年关于说话的心得经验倾囊相授。

7. 书名：《关键对话：如何高效能沟通》

作者：〔美〕科里·帕特森等

索书号：C912.1/496

图书概要：你一定遇到过下列情况，要邻居遵守公德，对方却依然我行我素；要你的另一半浪漫些，对方却还是像根木头一样；请朋友还钱，朋友却总是找各种借口推托。当你遇到这些情况时，你是沉默以对，还是尖刻批评，抑或拍案而起？别觉得灰心丧气，因为大部分人都和你一样，在面对难以解决却又会对生活产生重大影响的"关键时刻"，不是张口结舌不知如何应对，就是以强硬的方式解决，却在对方心里留下不愉快的阴影。本书将帮助你以四两拨千斤的方式，利用各种沟通技巧，解决生活中难以应对的各种难题，成就无往不利的事业并拥有更快乐的人生。

8. 书名：《强势：如何在工作、恋爱和人际交往中快速取得主导权》

作者：〔美〕曼纽尔·J·史密斯

索书号：C912.1/724

图书概要：你是否因为父母强加于你的干涉而烦恼不已？你是否不知如何委婉拒绝来自亲戚或朋友的不合理请求？你是否正心不甘情不愿地忍让着伴侣的某些习惯和行为？你是否会因为受到表扬而不好意思，或者因为受到指责而焦虑郁闷？你是否不知如何与陌生人打交道？

在工作、恋爱、人际交往等日常生活的所有领域，因为他人的掌控，因为自身的怯弱，因而造成的被动局面以及随之而来的矛盾和焦虑不胜枚举，其解决之道只有一个——强势！

9. 书名：《洗脑术》

作者：〔英〕多米尼克·斯垂特菲尔德

索书号：B84-49/76

图书概要：当恐惧弥漫，一切肮脏都穿上了正当防卫的外衣；当科学发狂，一切残忍都散发着追求真理的光芒。作者多米尼克·斯垂特菲尔德翻阅大量解密文件，采访美国中央情报局、英国军情六处的前特工，揭开了世界上最隐秘的心理操纵术——洗脑术的秘密。

10. 书名：《六度人脉》

作者：李维文

索书号：C912.1/501

图书概要：20 世纪 60 年代，"六度人脉"概念由美国心理学家 Stanley Milgram 提出并加以验证。所谓"六度人脉"是指：地球上所有的人都可以通过六层以内的熟人链和任何其他人联系起来。通俗地说："你和任何一个陌生人之间所间隔的人不会超过六个，也就是说，只要你愿意，最多通过六个人你就能够认识世界上的任何一个陌生人。"

人脉如同金钱一般，也需要管理、储蓄和增值。斯坦福大学调查显示：一个人赚的钱，12.5% 来自知识，87.5% 来自人脉。掌握一度人脉的大多只是学生和普通职员。掌握三度人脉的大多都能成为企业高管或公司老总，而掌握六度人脉的不是总统就是娱乐巨星。

11. 书名：《谢谢你》

作者：〔日〕松浦弥太郎

索书号：C912.1/713

图书概要：松浦弥太郎在书中分享了许多自身经验，说明他是如何从生活中发现守护人际关系的珍贵智慧，希望我们都能过起人生中充满"谢谢"的生活。 太过亲近或太过疏远的关系都不够理想。这本书里，写下了如何去调整那些脆弱人际关系的诀窍。无论是多么微小的机缘，去珍惜让今天与明日更加灿烂的每一个邂逅，好好珍爱人与人之间的每段缘分吧。

12. 书名：《人性的弱点》

作者：〔美〕戴尔·卡耐基

索书号：C912.1/714

图书概要：本书作为一本实用的人际关系著作，从人性本质的角度，挖掘出潜藏在人们体内的弱点，使人们能够充分认识自己，并不断改造自己，从而能有所长进，直至取得最后的成功。作者讲述的许多普通人通过奋斗获得成功的真实故事，激励了无数陷入迷茫和困境的人，帮助他们重新找到了自己的人生。

13. 书名：《人性的优点》

作者：〔美〕戴尔·卡耐基

索书号：B848.4/840，B848.4/671

图书概要：这是一本关于人类如何征服"忧虑"的书，本书的目的就是帮助你解决你所面临的问题：如何在你的日常生活、商务活动与社会交往中与人打交道，并有效地影响他人；如何击败人类的生存之敌——忧虑，以创造一种幸福美好的人生。当你通过本书解决好这一问题之后，其他问题也就迎刃而解了。

14. 书名：《每天懂一点人际关系心理学》

作者：〔日〕木瓜制造，原田玲仁著

索书号：C912.1/503

图书概要："人际关系"上的问题，每天都在纠缠着我们。公司、家庭中的人际纠纷，甚至已经严重到了让我们寝食难安的程度。为什么我们会终日"为人所困""为人所劳"呢？这本书就是专门为帮助朋友们消除人际关系中的烦恼而编写的。本书内容涵盖了如何与初次见面的人建立良好关系、讨人喜欢的话与招人厌恶的话、加深关系的心理学要素、人际关系的修复方法、职场上百试百灵的心理技巧等。

15. 书名：《蔡康永的说话之道》

作者：蔡康永

索书号：H019-49/121

图书概要：本书包括 40 篇精彩短文，每篇都会让谈话变得生动有趣，让你与他人相处也开始变得有趣，并配以兔斯基绘制的令人狂笑插画，如同蔡康永的主持风格一样俏皮机智，饶有情趣。作者喜欢研究说话这件事，是因为他觉得透过研究说话，会比较根本地搞清楚自己和别人的关系，搞清楚自己在想什么、别人在想什么，以及搞清楚自己到底是一个什么样的人。

16. 书名：《微反应心理学全集》

作者：陈璐

索书号：B842.6/257

图书概要：人与人的交往，就是心与心的较量。在本书中，你将了解到肢体语言和心理学领域里多种有用的研究成果，这些知识将有助于你拨开云雾见晴天，看懂他人内心的真实世界。同时，你还将看到聪明人是如何运用读心术，迅速获得他人的好感，并且不露痕迹地影响身边的人。这些技术将有助于你获得人气，成为人生的赢家。当你掌握了心理学与读心术之后，你将会发现：结识人、琢磨人、了解人是一件多么有意思的事情——对方有再多的掩饰也只是给你提供更多的佐证，供你把对方的内心研究得更加透彻。

17. 书名：《微表情心理学》

作者：〔美〕哈里·巴尔肯

索书号：B842.6/284

图书概要：为什么每次谈判，你小心翼翼、如履薄冰，却仍在不知不觉中被人看穿？为什么每次约会，你都无法走进 TA 的大脑、弄清 TA 在想什么，终不欢而散？为什么你明明很努力却得不到应有的赏识和回报，而那个比你"懒惰"的人却能步步高升？为什么你总是不知道自己为什么这样，或者为什么那样？本书要告诉你的，就是关于这些"为什么"的真相，以及如何运用这些真相，使事业更成功，使人生更幸福。

三、时间管理图书

1. 书名：《拖延心理学》

作者：〔美〕简·博克，〔美〕莱诺拉·袁

索书号：B84/109

图书概要：从学生到科学家，从秘书到总裁，从家庭主妇到销售员，拖延的问题几乎会影响到每一个人。你也是吗？怎样鉴别和检查那些我们将事情推掉的背后原因？怎样克服拖延？这本书为我们提供了达成目标、管理时间、谋求支持和处理压力等一系列方案来克服拖延问题；以及诸如注意力缺失紊乱症、执行功能障碍症等神经认知问题对拖延的影响，为生活和工作在拖延者身边的人群提供了不少实用性建议。

2. 书名：《战胜拖拉》

作者：〔美〕尼尔·菲奥里

索书号：B842.6/94，B842.6/327

图书概要：本书是关于战胜拖拉的奠基之作，对生活、工作、人类潜能和拖拉问题下了积极的定义，将教你如何在生活中安排更多的休闲时间，无忧无虑地享受生活。拖拉，是你在应对由开始或完成一项工作任务所产生的焦虑时所形成的一种习惯。它是一种处理乏味的或无法完成的工作任务时，人们所采取的并不成功的解决办法。当你利用战胜拖拉的策略来消除焦虑、恐惧和自我怀疑的心理时，你就可以不再用拖拉的方式来进行逃避，而且还能够让你的效率倍增，并且通常也能让你的收入翻倍。当你学会了有效率地工作——在喷发状态中，酣畅淋漓地运用更多脑细胞的力量——你就没有那么多理由逃避重要的、需要优先考虑的工作任务了。拖拉是为了抵御失败的恐惧，战胜拖拉就是战胜恐惧！人人都有试图推迟甚至逃避任务和目标的心理，拖拉并不是完成任务过程中产生问题的原因，它是我们企图解决背后一系列问题时的一种尝试！你的拖拉只是为了抵御失败的恐惧，战胜拖拉就是战胜恐惧！

3. 书名：《拖延不是病：解密拖延心理成因》

作者：付晗晓

索书号：B84/124

图书概要：为什么越临近考试，我们越想玩？为什么越简单的事情，我们越完不成？拖延和懒有什么区别？拖延和推迟有什么区别？在普通人群中，25% 的人将拖延报告为一个严重的问题，约 40% 的人曾因拖延而蒙受了经济上的损失。但是拖延并不是"病"！拖延是什么？且看自己就是拖延症的本书作者付晗晓，如何生动有趣解读"拖延"，揭秘现代人最频发的心理问题！

4. 书名：《追时间的人》

作者：阳志平

索书号：B84/140

图书概要："追赶时间的人生活就会宠爱他，放弃时间的人，生活就会冷落他。"所以，有些人已经在利用 10 年后的技术和资源，而有些人还停留在 10 年前。这种时间差造成的信息不对称是一个人重要的竞争砝码。那么在现有条件下，如何缩小这种时间差，来对抗未来分布的不均？一起去聆听那些走在时间前头的人，一起阅读《追时间的人》这本书吧！它会给解答！

5. 书名：《最重要的事，只有一件》

作者：〔美〕加里·凯勒，〔美〕杰伊·帕帕森

索书号：B848.4/1839

图书概要：当你面对生活中大大小小的选择、繁杂的工作及无尽的琐事

时，当你对未来感到茫然无措时，只有坚守自己的人生目标，找到当下应该去做的那一件最重要的事，才能一步步实现你的梦想。这样一个浅显的道理似乎人人都懂，但我们在工作和生活中却往往将其忽略。其实，最重要的事，只有一件。只有找到这件事，做好这件事，才是获得成功、高效生活的关键。

6. 书名：《习惯的力量：为什么我们会这样生活，那样工作》

作者：〔美〕查尔斯·都希格

索书号：B842.6/237

图书概要：我们每天做的大部分选择可能会让人觉得是深思熟虑决策的结果，其实并非如此。人每天的活动中，有超过 40% 是习惯的产物，而不是自己主动的决定。虽然每个习惯的影响相对来说比较小，但是随着时间的推移，这些习惯综合起来却对我们的健康、效率、个人经济安全以及幸福有着巨大的影响。

习惯是我们刻意或深思后而做出的选择，即使过了一段时间不再思考却仍继续、往往每天都在做的行为。这是我们神经系统的自然反应。习惯养成后，我们的大脑进入省力模式，不再全心全意地参与决策过程，所以除非你刻意对抗某个习惯，或是意识到其他新习惯的存在，否则该行为模式会自然而然地启动。

7. 书名：《断舍离》

作者：〔日〕山下英子

索书号：TS976.3/61

图书概要：人生的种种苦恼，总混杂在我们对物品的执着中，作者山下英子通过参透瑜伽"断行、舍行、离行"的人生哲学，并由此获得灵感，创造出了一套通过日常的家居整理改善心灵环境的"断舍离"整理术。其中，断＝断绝不需要的东西，舍＝舍弃多余的废物，离＝脱离对物品的执着。

通过学习和实践断舍离，人们将重新审视自己与物品的关系，从关注物品转换为关注自我——我需不需要，一旦开始思考，并致力于将身边所有"不需要、不适合、不舒服"的东西替换为"需要、适合、舒服"的东西，就能让环境变得清爽，也会由此改善心灵环境，从外在到内在，彻底焕然一新。

8. 书名：《精进：如何成为一个很厉害的人》

作者：采铜

索书号：B804/55

图书概要：这本书为大家提供了时间、选择、行动、学习、思维、才能、成功七个方面的精进路径，只要依循书中的方法反复磨练，便可以日益精进，成为一个很厉害的人，找到实现自我的那条成功之道。

9. 书名：《清醒思考的艺术》

作者：〔德〕罗尔夫·多贝里

索书号：B804/32，B804/58

图书概要：有时候，清晰的思考反而是一种浪费。有时候，凭借直觉去决定，你会后悔莫及。《清醒思考的艺术》不仅指出思考错误，更提出有效对抗妙招，预防掉入隐形思考陷阱，让你看清思考盲点，清除决策障碍，选对思考方法，做出正确选择。每个思考错误搭配一幅风格独特的插画，实用性与娱乐性兼具。

10. 书名：《高效能人士的七个习惯》

作者：〔美〕史蒂芬柯维

索书号：B848.4/172，B848.4/595，B848.4/1372，B848.4/1869

图书概要：当您阅读完这本书后，是否希望获得更多的学习资讯，与更多的职业经理人探讨成功的心得？《高效能人士的七个习惯》使您更加深入地了解书中的理论，彻底地改变思维模式，从而为您走得成功之路奠定坚实的基础。

11. 书名：《时间管理——高效率人士的成功利器》

作者：哈佛商学院出版公司 编

索书号：C935/24

图书概要：随着现代生活节奏的加快，时间已经成为极其宝贵的资源。很多人总感觉时间不够用。本书将帮助你有限度地利用时间，并由此提升个人工作效率和有效性。你将学会判断哪些工作是最重要的，哪些是不重要的，并且根据优先程度进行处理；你将学会辨识高效和有效的区别；你还会发现如何才能将时间集中在最为关键的工作上，从而避免浪费时间。

12. 书名：《4 点起床：最养生和高效的时间管理》

作者：〔日〕中岛孝志

索书号：C935/28

图书概要：结束越活越累的"7-11 式生活"，拥抱越干越乐的"3-8 式生活"，读完中岛孝志编著的《4 点起床：养生和高效的时间管理》，你的人生会发生什么转变？扔掉闹钟，睡到自然醒，有充足时间和充分条件去学习，重获钻研兴趣爱好的大把时光，不知不觉变成紧凑的人，学习突飞猛进，安然度过每一次竞争，所有的一切都在《4 点起床：养生和高效的时间管理》。

13. 书名：《把时间当作朋友》

作者：李笑来

索书号：C935/52

图书概要：这本书从心智成长的角度来谈时间管理，指出时间管理是成功的关键所在。作者引述自己从事的职业中所遇到的事例，告诉我们：如何打开心智，如何运用心智来和时间做朋友，如何理解时间管理的意义，在时间管理上取得突破，进而用心智开启自己的人生成功之旅。

四、情绪管理图书

1. 书名：《你的孤独，虽败犹荣》

作者：刘同

索书号：B821-49/503

图书概要：孤独之前是迷茫，孤独之后是成长 。很长一段日子里，我靠写东西度过了太多的小无聊，伪伤感，假满足与真茫然。作者在意细节，算敏感。但知道体谅，算善良。说喜欢便是喜欢，不想回答便是真的不知道如何作答。有时佯装镇定或笑得开心，心里总觉得自己与这个世界格格不入。不停对抗，学着顺从，冷静旁观，终明白我们都不应该是别人世界的参与者，而是自己世界的建造者。 这本书里记录了 33 种孤独感，希望能让你想起自己某种忘我无形的成长。 愿你比别人更不怕一个人独处，愿日后想起时你会被自己感动。

2. 书名：《正能量》

作者：〔英〕理查德·怀斯曼

索书号：B821-49/503

图书概要：坚持正向能量，人生无所畏惧！到底什么是正能量？科学的解释是：以真空能量为零，能量大于真空的物质为正，能量低于真空的物质为负。而在此书中，正能量指的是一切予人向上和希望、促使人不断追求、让生活变得圆满幸福的动力和感情。

3. 书名：《不要让未来的你，讨厌现在的自己》

作者：特立独行的猫

索书号：B848.4/1862

图书概要：不要让未来的你，讨厌现在的自己；明天生活得好不好，取决于你今天怎么过！大城市竞争激烈，小城市拼钱又拼爹，面对生活的残酷与压力，我们究竟该留在大城市，还是回老家？这个世界大体还是公平的，出来混早晚要还的，别以为躲掉了就会真的躲掉，你躲过的，总有一天会找回来。你的孤独、迷茫、困惑、彷徨……这些本就是青春该有的情绪。

4 书名：《当世界无法改变时改变自己》

作者：高原

索书号：B848.4/1181

图书概要：万变世界绝对不变的自我提升法则，动荡世界的成功之道！这个世界唯一不变的就是变化。人的一生总要遇到许多问题，比如财务出现危机、健康出现状况、感情的结束、亲人的离去、生活失去方向，当这个世界已经变得不是你想象的样子，你又该如何改变？在这个动荡世界，我们怎样可以让自己过得更好？也许，我们无法改变这个世界，但是最起码可以改变自己，改变自己的内心，改变自己观念，世界会因为我们改变而转变。这不仅是一本让你改变自己的书，更是我们个人与这个世界的一次对话，一次非同寻常的探索。

5. 书名：《做内心强大的女人》

作者：〔美〕戴尔·卡耐基

索书号：B848.4/1479，B848.4/1581

图书概要：一个人如果必须通过外界的评价来证明自己，这只能说明内心不够强大，只有不再需要依赖外界对自己的评判，自己就能证明自己的时候，内心才是真正强大无比了。一个内心强大的人，才能真正无所畏惧；也只有内心的强大，我们在生活中才会处之泰然，宠辱不惊，不论外界有多少诱惑多少挫折，都心无旁骛，依然固守着内心那份坚定。尤其是女人更需要内心强大。

6. 书名：《谁的青春不迷茫》

作者：刘同

索书号：I267.1/465

图书概要：你觉得孤独就对了，那是让你认识自己的机会；你觉得不被理解就对了，那是让你认清朋友的机会；你觉得黑暗就对了，那是你发现光芒的机会；你觉得无助就对了，那样你才能知道谁是你的贵人；你觉得迷茫就对了，谁的青春不迷茫。

7. 书名：《因为痛，所以叫青春》

作者：〔韩〕金兰都

索书号：B821-49/204，B821-49/608

图书概要：漫漫人生路，一直迷路在一个讲究拼爹的时代，要拼什么才能拼出未来？很多时候，在学业上，在工作上，甚至在感情问题上，这些年轻人甚至还没有迈出踏进社会的第一步，就已经沦为一个"loser（失败者）"。在书中作者如实地把为人父母的成年人们所不曾来得及去了解的这代年轻人的困苦和不安展现了出来。作者帮助他们审视这些无法向他人倾诉的苦痛，并告诉他们如何才能从这种苦痛中找到为未来打拼的能量。这是一本改变亚洲亿万年轻人的疗愈经典，一位导师父亲写给迷茫孩子的疼痛共鸣。

8. 书名：《秘密法则》

作者：〔美〕罗伯特·柯里尔

索书号：B848.4/606，B848.4/833

图书概要：本书为世人揭示了一个被隐藏千年的秘密。本书主人公朗达·拜恩是澳大利亚电视工作者，有一年，父亲突然去世、工作遭遇瓶颈、家庭关系也陷入僵局。就在人生跌至谷底、生活即将崩溃时，意外发现了隐藏在百年古书中的秘密。这个秘密零星地存在于各种口述的历史、文学、宗教与哲学之中，更藏在人与世界的各个互动层面，每个人自身都存在着自己所不知道的能量。

9. 书名:《你只是看起来很努力》

作者:李尚龙

索书号:B848.4/1665

图书概要:本书是中国优质新偶像李尚龙先生写给千万年轻人的成长和成功之书。本书以精美别致的内容,独特另类的思考,让你在面对学业的压力,青春的迷茫,爱情的复杂中保持无畏无惧的心态,成为更好的自己。47篇随笔和故事,或让人忍俊不禁,或让人潸然泪下,或让人茅塞顿开,或让人微笑释然,终汇集成被粉丝盛赞的"改变千万热血青年的思维轨迹"。

10. 书名:《情商:为什么情商比智商更重要》

作者:〔美〕丹尼尔·戈尔曼

索书号:B842.6/159

图书概要:作者利用大脑与行为科学的突破性研究,说明了高智商的人表现不佳、普通智商的人表现出色的影响因素。这些因素包括自我意识、自律和同理心,它们不是天生固有的,却能为我们提高智力另辟蹊径。情绪智力成形于我们的童年时期,但可在成年时期得到培育和加强——这对我们的健康、人际关系以及工作将会产生直接益处。情商是一种基本生存能力,决定人类其他心智能力的表现,也决定个人一生的走向与成就。

11. 书名:《自控力》

作者:〔美〕凯利·麦格尼格尔

索书号:B842.6/202

图书概要:如果你想让生活变得更美好,就从自控力入手吧。自控力强的人能够更好地控制自己的注意力、情绪和行为,更好地应对压力、解决冲突、战胜逆境,身体更健康,人际关系更和谐,恋情更长久,收入更高,事业也更成功。如果你总拖到最后一分钟才开始工作;总是月光、透支;想放松一下,却熬夜上网;一直想减肥,总是挫败,那么《自控力》就是专门为你而写的。只需10周,成功掌握自己的时间和生活。提高自控力的有效途径，在于弄清自己如何失控、为何失控。

12. 书名：《自控力：和压力做朋友》

作者：〔美〕凯利·麦格尼格尔

索书号：B842.6/326

图书概要：作者在书中提供这样一个概念——压力就是你在乎的东西发生危险时引起的反应。这个定义足够大，可以涵盖交通阻塞引起的沮丧和失去事物的痛楚。它包括感到压力时的想法、情绪、生理反应，以及你选择怎样应对压力情境。这个定义也强调了有关压力的一个重要真相：压力和意义无法分割。对不在乎的事情，你不会感到压力；不经受压力，你也无法开创有意义的生活。

13. 书名：《安静的力量》

作者：〔美〕皮克·耶尔

索书号：B821-49/615

图书概要：生活与谋生，有时候背道而驰。这本书是一份邀请，邀请你一起踏上探索止境的旅程。在这个快速变化的世界里，没有比内心的安静更急迫的事了。安静下来的目的，是贴近个人的感悟。不是隔绝于世界，而是时不时放空一下，才能在这个疯狂加速的世界，稳住前行的方向。

14. 书名：《改变，从心开始：学会情绪平衡的方法》

作者：〔荷〕罗伊·马丁纳

索书号：B842.6/321

图书概要：罗伊·马丁纳是另类医学专家，是真正懂得身心平衡的实修者。本书从身心灵各个角度探讨情绪：第一部分"行动中的能量"，主要介绍情绪平衡技巧背后的基本观念，探索人类天性的多重面性，以及身体为什么是精神与物质之间的连结点或交叉点；第二部分"实际的情绪平衡技巧"则将这些技巧的运用到实际的情绪管理上，帮助大家达到身体与情绪的健康平衡状态。本书除了理论探讨外，更提供了大量案例供读者参考，使我们更容易了解并将之运用到生活中，为自己创造内在的真正平静。

15. 书名：《情绪自控术——哈佛医学院有趣的心理课》

作者：〔美〕约翰·R·夏普·M·D

索书号：B842.6/248

图书概要：哈佛医学院的著名精神病学家指导我们该如何正确认识和管理自身的情绪模式。在近二十年间的精神病医疗实践中，约翰·夏普博士接触过许多患者。这些患者总在每年特定的时期受到情绪问题的困扰。作者在这本书中向我们揭示了季节、环境、心理等因素对塑造情绪的巨大作用，提示我们如何顺应四时，调节我们的情绪，为情绪控制问题开辟了一个崭新的视角。

16. 书名：《别让情绪失控害了你》

作者：曾杰

索书号：B842.6/329

图书概要：人人都有小情绪，每天在喜怒哀乐忧思中不断转换。情绪虽小，力量却大。管理好自己的情绪，克制自己的坏脾气，无疑成为一件意义非常重大的事情。本书将结合不同类型的负面情绪，来解读各种情境下的坏脾气。通过反面的案例来揭示坏脾气的消极影响，通过正面的案例来提供管理情绪的成功经验。在此希望各位读者，有朝一日能成为有良好修养的情绪掌控者。

17. 书名：《每天学一点超级自控力——卡耐基情绪管理术与意志力训练》

作者：〔美〕戴尔·卡耐基

索书号：B842.6/263

图书概要：《纽约时报》《华尔街日报》《时代周刊》都在谈，风靡哈佛大学、耶鲁大学、斯坦福大学的心理学训练课程——20世纪最伟大的心灵导师和成功学大师戴尔·卡耐基经典情绪管理术与意志力训练，只需 21 天，帮你改变旧习、克服拖延、抓住重点、掌控命运。戴尔·卡耐基，美国著名的人际关系学大师，西方现代人际关系教育的奠基人，被誉为是 20 世纪最伟大的心灵导师和成功学大师，代表作有《人性的弱点》《人性的优点》《沟通的艺术》等。

18. 书名：《如何控制自己的情绪》

作者：〔美〕奇普·康利

索书号：B842.6/253

图书概要：情绪保持良好状态的人，必定也是一个好人缘、幸福、有成就的人。如果放纵或喂养坏情绪，最后的结果是伤己、伤人、伤心、伤身。但人的情绪波动像谜一样，难以预测，更难破解。《如何控制自己的情绪：最有效的 22 个情绪管理定律》的作者，一位风光无限的企业家，曾堕入消极情绪的黑暗世界，数年间无法自拔，甚至到了死亡的边缘。后来，他发现了情绪方程："遗憾＝失望 责任感"，"绝望＝苦难—意义"，"焦虑＝不确定性 × 无力感"，"幸福＝想要拥有的 ÷ 拥有想要的"等等；创造情绪方程的过程，也是他理顺纠结，重启人生的过程。

19 书名：《别让情绪毁了你》

作者：李晓璇

索书号：B842.6/314

图书概要：几乎每个人都在与坏情绪做抗争，因为它是生活的一部分，你越回避，它就追得越紧。这迫使我们必须正面应对、掌控它，将它对我们工作、生活的消极影响降低。在这本书里，作者会带你一起研究发生在他人身上的典型案例，找到负面情绪如山洪猛兽一样脱离你掌控的原因，并告诉你如何科学合理地疏解内心的积郁，不再计较和苛求，张开怀抱迎接生命的阳光；如何把坏脾气"五花大绑"丢回笼子里去，时刻保持理智、清醒；如何像安抚受惊的小猫咪那样安抚自己焦虑紧张的内心；如何抛开得失、放下执念，享受平和恬淡的小日子。跟随本书的内容与节奏，调整你的身心，保持你在关键时刻能够不失控、从容冷静地达自己。

20. 书名：《情绪正能量——安抚躁动的灵魂，传递心理学的神奇力量》

作者：万良慧，刘亚萍

索书号：B842.6/279

图书概要：当你工作中取得优异成绩的时候，你有怎样的心情？当你和好朋友发生矛盾的时候，你又有怎样的心情？当你和朋友约好在某个时间见面，而你的朋友却一直没有出现，也不打电话解释，这个时候你的心情又是怎样的？万良慧等编著的《情绪正能量——安抚躁动的灵魂，传递心理学的神奇力量》从心理学的角度出发，结合生动的生活实例，阐述了各种情绪的产生原因及其特点，并告诉我们如何对待、处理各种情绪，如何减少负能量，增加正能量，从而让生活变得更顺心如意。

21. 书名：《不抱怨的世界》

作者：〔美〕威尔·鲍温

索书号：B848.4/1029，B848.4/1112，B848.4/1113

图书概要：什么是"21天不抱怨"活动？美国知名牧师威尔·鲍温发起了一项不抱怨活动，邀请每位参加者戴上一个特制的紫手环，只要一察觉自己抱怨，就将手环换到另一只手上，以此类推，直到这个手环能持续戴在同一只手上21天为止。在美国《时代周刊》与《纽约时报》联合美国NBC电视台发起的"影响你一生最重要的一本书"投票中，它仅次于《圣经》。世界首富比尔·盖茨在推荐这本书时说：没有人能拒绝这样一本书，除非你拒绝所有的书。

五、自我意识类图书

1. 书名：《乌合之众》

作者：〔法〕古斯塔夫·勒庞

索书号：C912.6/62

图书概要：作者论述在传统社会因素毁灭、工业时代巨变的基础上，"群体的时代"已经到来。书中极为精致地描述了集体心态，对人们理解集体行为的作用以及对社会心理学的思考发挥了巨大影响。《乌合之众——大众心理研究》在西方已印至第29版，其观点新颖、语言生动，是群体行为的研究者不可不读的佳作。

2. 书名：《超越自卑》（《自卑与超越》）

作者：〔奥〕阿德勒

索书号：B848/61，B848/38

图书概要：这是一本值得一看的心理学著作，其作者在心理学发展史上起到了不可磨灭的作用，拥有相当高的地位。愈来愈多受他影响的人认为，阿德勒对心理学的贡献超过了弗洛伊德，这不仅是因为其提出的自卑与补偿作用普遍存在于生活中，能对人们的生活产生实际作用与直接影响，而且其心理学理论已成完整的体系。相信阅读本书，您一定会对阿德勒及其心理学形成更深刻的认识，并对现实生活中的种种问题有一个更全面的理解。

3. 书名：《自体的重建》

作者：〔美〕海英茨·科胡特

索书号：B84-065/14

图书概要：自恋，在科胡特的用语中，不是贬抑的字眼。自恋在发展上来说，不只是为了通往客体爱而必须克服的暂时阶段，它有朝向成熟的单独发展，与客体爱的发展并肩前进且彼此纠缠。如今科胡特勾勒出自体心理学的大纲，他以这个新的心理学理论来解释症状与症候群。他把自体摆在人格的最中心，检视它在健康与疾病中的起源、成分与发展，并引以为跳板，来讨论自恋型人格疾患的精神分析的治愈与结案阶段的概念。

4. 书名：《精神分析引论》

作者：〔奥地利〕西格蒙德·弗洛伊德

索书号：B84-065/4，B84-065/6，B84-065/17

图书概要：《精神分析引论》是弗洛伊德著作中最为重要的作品之一。精神分析是治疗神经病的一种方法，同时也是研究心理学的一种科学手段，现在成为心理学的一个重要派别，这一学派对医学、心理学、人类学以及史学、文学、艺术和哲学都产生了不同程度的影响。弗洛伊德将这一理论在此书中做出了最精深的解答和诠释。

5. 书名：《怪诞心理学》

作者：〔美〕理查德·怀斯曼

索书号：B84/129

图书概要：本书的每一章都向读者揭示隐藏在人生各个不同层面的秘密心理，其中包括欺骗、决策、自私和迷信等。在此过程中，你会看到一些最不可思议的古怪研究。比如说，拖延车辆在有红绿灯的路口停留的时间，测试会有多少司机不耐烦地按喇叭；暗中分析购买商品超过 10 件却到超市快速通道结账的是哪一类人；虽然各种质疑看似毫无依据，但实验证明"黑色星期五"的确对人的健康不利……事实上，你的人生，处处在受这些古怪实验的影响！现在，就让我们一起踏上怪诞心理学的探险之旅吧！

6.《重塑心灵：每个人都拥有让自己成功快乐的能力》

作者：李中莹

索书号：B848.4/51

图书概要："我没有资格享有美好生活。""只有你才能给我快乐！""你怎么就是不听我的呢？""为何我总是不开心？"在生活中，我们经常会听到自己和别人发出类似的声音，其实这是个人的信念系统、沟通方式和情绪管理能力出现了问题。阅读本书，你将学会：① 做情绪的主人，充分享受、完全拥有正面情绪，恰当处理负面情绪；② 利用大脑工作规律，运用潜意识引导我们相信有解决问题的能力和方向；③ 建立和谐的信念系统，改进对待同类事情的想法与做法，化解内心冲突。

7. 书名：《内在小孩：在荷欧波诺波诺中遇见真正的自己》

作者：〔美〕伊贺列卡拉·修·蓝博士，KR 女士（卡迈拉·拉斐洛维奇）

索书号：B848/16

图书概要：所谓的"问题"，不过是"内在小孩"重播出来的记忆而已。倾听你的"内在小孩"，生命中的一切问题都将迎刃而解！荷欧波诺波诺这套神奇的夏威夷心理疗法，透过"对不起，请原谅，谢谢你，我爱你"这四句话来清理我们的信息（记忆），让我们回归到零、回归到灵感的状态，从而解决我们所遇到的问题。只要你为问题负百分之百的责任，与自己的内在小孩建立起亲密的关系，他必定能给你意想不到的帮助，让你的人生更加圆满，继而遇见"真正的自己"。

8. 书名：《亲密的敌人》

作者：〔美〕盖伊·芬利，艾伦·狄克斯坦

索书号：B848/84

图书概要：你以为你所认为的你就是真实的你吗？本书是一本心灵自助手册，该内容以作者盖伊·芬利的内在生活体验为基础，重点讲述了一种自我实现、自我超越的理念。它告诉你，那些迷茫、焦虑、恐惧的并非真实的自己，那只是你的"临时负责人"而已。书中所提出的观点犹如当头棒喝，它让我们意识到，隐匿在生活困扰背后的敌人并不是你所认为的某些人和某些事。敌人并不存在于身外，而是存在于当下你的内心之中。

9. 书名：《认识你自己》

作者：〔美〕卡洛琳·密斯

索书号：848/91

图书概要：你是否对这种现象感到奇怪：你对某些人、某些想法甚至某些产品会"一见钟情",却对另外的某些人、某些想法甚至某些产品一看见就很反感?你是否无法解释自己的一些行为,并且很想知道目前的生活是否真的适合你?你是否想找到人生的意义和人生使命?你是否能拥有自己想要的幸福?所有问题的答案,都源自你内在的原型。

10. 书名:《绘画心理学》

作者:一沙

索书号:J20/15

图书概要:房树人的故事——一个认识自我的游戏。"房树人绘画测验",从名字就可以看出主要是围绕 Tree、House、Person 这三个元素展开的,所以又被简称为 THP。全书围绕房树人及部分色彩心理学的原理展开,重点讲述房树人这种方法的普及与应用。当我们拿起笔,在纸上画出简单的"房、树、人"三种元素后,再对照书中的解析,就能清晰了解自己内心深处真实的想法。可以说,这是我们身边最实用的心理学,一本可以用到老的书。只要你拿起一支笔,一张纸,你心中的疑惑和谜题就能一一解开。

11. 书名:《遇见未知的自己》

作者:张德芬

索书号:I247.57/392,B848.4/1180,B848.4/1803

图书概要:谦卑和感恩是解决一切问题的万灵丹。《遇见未知的自己》这本书,可以让你了解自己、看清"小我",进而在生活中操练,让自己更加自在、解脱、快乐。而感恩,正是你用谦卑的心去体会一切之后自然而然发生的。感恩会带来更多的谦卑、更多的福分、更多的快乐,这样就形成了一个非常好的良性循环。

12. 书名:《每天懂一点色彩心理学》

作者:〔日〕原田玲仁

索书号:J063/65

图书概要：如果有更风趣幽默、更浅显易懂的"色彩心理学"读本就好了！相信很多读者都抱有这样的期望，这本书正是为了实现读者这一愿望而创作的。本书的内容虽然以高深的理论为基础，但尽量避开了晦涩难懂的复杂部分。通过许多生动活泼、简单实用的例子，将色彩心理学的核心思想与思维方式直接明了地展现在读者面前。书中的精心绘制的插图和漫画让读者能够更加轻松地阅读。欢迎大家进入色彩的魔力世界！

13. 书名：《色彩的性格》

作者：〔德〕爱娃·海勒

索书号：J063/130

图书概要：爱情是什么颜色的？红色和粉红色——大多数人这样回答。幸福是什么颜色的？金色和红色——这是最常见的答案。嫉妒呢？认为黄色的居多。优雅呢？答案是黑色和银色。这次调查所提出的问题涉及代表过时的颜色、狂妄自大的颜色、芳香的颜色、越出常规的颜色以及代表愤怒的颜色、信赖的颜色、暧昧的颜色等。《色彩的性格》并没有讲述理论性的教义，它主要展示了每种色彩在其典型性意义中的众多效果。了解这些效果，就可以自如地应用各种色彩，使它们反映出人们所要求的意义。

14. 书名：《跟乐嘉学性格色彩》

作者：乐嘉

索书号：B848.6/78，B848.6/90

图书概要：这是一本实用的性格色彩工具书，本书图文并茂，简便、实用、易学。首先带你进入性格色彩的世界，告诉你"性格"与"个性"的区别，了解"行为"与"动机"的不同，并分析了红、蓝、黄、绿四种性格色彩的优势与劣势，再从情场、职场、生活的角度切入，更深入地讲解了不同的性格色彩在为人处事上的差异。通过学习，读者可以更加深入地了解自己，认识他人，更能帮助读者更好地提升自我，在人际关系的沟通领域，无往不利。

15. 书名：《天才在左 疯子在右》

作者：高铭

索书号：K820.7/32，I253.7/99

图书概要：这本书，讲述的是一群误入歧途的天才故事，也是一群疯子入院治疗的故事，是国内首本具有人文情怀的精神病患访谈录。与精神病患对话的内容涉及生理学、心理学、佛学、宗教、量子物理、符号学以及玛雅文明和预言等众多领域，表现出精神病患看待世界的角度和对生命提出的深刻观点，闻所未闻却又论证严谨。比如四维生物眼里，我们只是蠕动的虫子；肤浅的男人，必然被基因先进的女人毁灭；孩子，你是我创建的角色，生死皆有我定。

16. 书名：《接受不完美的勇气》

作者：〔日〕小仓广

索书号：B848/88

图书概要：人生不是取决于"命运"和"过去"的创伤，而是自己的思考方式。人生没那么困难，是你让人生变得复杂了。"自我启发之父"阿德勒说，人生有"工作的任务""交友的任务"与"爱的任务"，当我们在任务中陷入困难时，如果还拥有"关心对方，优先考虑对方"的想法，就能生出勇气。有勇气，就有克服困难的动力，就能面对一切困难，避免坠入人生的黑暗深渊。有勇气，就能不为他人的评价所左右，接受真正的自己，接受不完美的自己。这本书将让你获得心智成长，带给你突破自我的勇气。一切取决于自己。只要改变观点，世界就会骤然改变。

17. 书名：《遇见心想事成的自己》

作者：张德芬

索书号：B848.4/604

图书概要：人不可能经由一个没有喜悦的旅程，就能达到一个喜悦的终点。你就是这个世界上最强的磁铁，会发散出比任何东西都还要强的吸力。

要学习放手，学习信赖，你才会轻松地得到你真正渴望的东西。阻止我们成功的，不是我们未知的事，而往往是我们深信不疑、但其实不然的事情。本书以一场触动人心的追寻之旅，书写生命的秘密，揭示心想事成的真相：清除层层的内在阻碍后，心所向往的东西，会毫不费力地来到你我的生命中。

18. 书名：《尽力就好，天塌下来又怎样》

作者：〔日〕金盛浦子

索书号：B848.4/1404

图书概要：你能为自己带来梦想，但也可能剥夺自己的梦想。敞开心房释放捆绑自我的枷锁，让自己自由的钥匙，原来就藏在你的心里。本书用100句温暖人心的心底话，陪沮丧的自己谈谈心，告诉自己其实有时候对自己"睁一只眼闭一只眼"也没有什么，没有多少人能做"完美的自己"，那么放掉执着、舍弃完美，你会得到另一片更广阔的天空，或许这样你能更幸福。

19. 书名：《健康的色彩：从未披露的治愈系色彩心理》

作者：〔德〕阿克塞尔·维恩，约阿尼纳·维恩·洛斯奇

索书号：J063/160

图书概要：在当今媒体和高度形象化的世界里，沟通更多地依赖于视觉体验而非口口相传，色彩正起着前所未有的重要作用。色彩能够让我们以一个未曾想象过的方式前进。我们正在探索和体验所有可见光谱中的色彩。书中描绘了"有益的""平静的""雅致的""愉快的""肉体的""无痛苦的""受保护的""令人轻松的"，及其他111种不同的色彩类别。这些色彩概念以及色彩拼贴图的分析研究，为读者提供了很多信息和建议。

20. 书名：《自在独行 贾平凹的独行世界》

作者：贾平凹

索书号：I267/6454

图书概要：平凹先生素来喜静，很怕有人来敲他的房门。让他觉得自在的，要么就是行走于西北的大地，要么就是隐居在自己的书房。先生其实也喜欢热闹，只是他的热闹并不是灯火灿烂，而是内心的安宁与独行的自在。这本书写情感、聊爱好、谈社会、说人生。有俗世的智慧，也有生活的趣味。对于匆匆的路人，平凹先生这部文集只是用来附庸风雅的玩物。但这本书却要写给生命的行者。愿他们能懂得孤独的真义，在生活里多一些从容潇洒。

21. 书名：《幸福的哲学》

　　作者：周国平

　　索书号：B821-49/415

图书概要：人最宝贵的东西，一是生命，二是心灵，而若能享受本真的生命，拥有丰富的心灵，便是幸福。这当然须免去物质之忧，但并非物质越多越好。一个人把许多精力给了物质，就没有闲心来照看自己的生命和心灵了。诗意的生活一定是物质上简单的生活，这在古今中外所有伟大的诗人、哲人、圣人身上都可以得到印证。

第三节 "心随阅动"主题书展的效果

我们也列出所有图书形成一个 5.25 心理健康图书目录，与 1000 份图书简介小册子发放到学生手上。学生对这些小册子非常感兴趣，很快 1000 份小册子发放完毕，还有一些学生未能得到小册子而深表遗憾。这些陈列出来的图书也很快被学生借阅。

一、主题书展提升图书馆图书利用率

"心随阅动"主题书展图书深受学生喜爱，经过图书馆借阅系统查询发现只有极少数几本图书未被学生借阅过，大部分图书都是被学生一而再再而三借阅。

从 2009 年 1 月 1 日起到 2019 年 5 月 8 日图书馆文献利用统计表显示（见表 6-1），图书馆图书利用率低，只有 25% 的图书被读者借阅利用过，而大部分 75% 的图书是没有被利用过。很多图书从购买回图书馆经过加工分编移交书库上架流通，就从未被读者借阅过。"心随阅动"主题书展高利用率与图书馆收藏图书低利用率形成鲜明对比。利用主题书展的形式，发现和推荐优秀图书给读者，可大大提高图书的利用率。

表 6-1　图书馆各类图书利用率统计表

索书号	利用册数	未利用册数	总册数	利用率
A 马列主义	255	845	1100	23%
B 哲学	7197	11271	18468	39%
C 社科总论	2425	5526	7951	31%
D 政治法律	1402	9174	10576	13%
E 军事	337	851	1188	32%
F 经济	3263	16222	19485	17%
G 文科教体	4236	17614	21850	19%
H 语言	3919	7593	11512	34%
I 文学	23298	41083	64381	36%
J 艺术	5899	11158	17057	35%
K 历史地理	4675	16117	20792	29%
N 自科总论	343	1904	2247	18%
O 数理化	505	2231	2736	18%
P 天文地球	182	1144	1326	14%
Q 生物科学	384	1166	1550	25%
R 医药卫生	1469	5862	7331	20%
S 农业科学	250	999	1249	20%
T 工业技术	33383	122109	155492	21%
U 交通运输	660	4401	5061	13%

续表

索书号	利用册数	未利用册数	总册数	利用率
V 航空航天	40	311	351	11%
X 环境劳保	93	1599	1692	5%
Z 综合图书	876	3915	4791	22%
其它	0	4	4	0%
合计	95091	283099	378190	25%

三、主题图书展体现图书馆专业能力

因为有了"心随阅动"心理方面的主题书展的成功经验，图书馆根据学生对某一主题的兴趣开展了学习方法类、美食类、科幻小说类等主题图书书展，这些人文类别主题书展深受学生喜爱，在引导学生阅读方面起到了非常重要的作用。图书馆同时也开展了专业类图书主题书展，学院讲授室内设计的一位专业老师就给我们列出本专业学生需要看的专业类图书，它们分别是素描、色彩、钢笔画、速写，室内外手绘表现技法、室内外效果图及关于绘画设计等方面。图书馆根据这位老师所列图书类目，把这些类目图书统一放在主题书架，专门针对这类专业的学生开展主题书展。

图书馆不仅对学生开展主题书展，针对教职工的子女开展的儿童专题书展同样深受教师们喜爱。他们以前一直认为图书馆是清闲部门，所做的工作就是刷卡借还书，没有什么技术含量，谁都可以做。2017 年 6 月图书馆开展了童书主题展，2018 年 6 月图书馆成功举办亲子阅读活动，彻底改变了教职工对图书馆工作的认知。

让阅读充满爱·童书专题展

《政府工作报告》连续多年倡导全民阅读，培育书香社会，指出阅读能力的高低直接影响一个国家和民族的未来，儿童阅读是整个国家阅读的起点。

当宝宝徜徉在你为其所借的图书或绘本中，津津有味地盯着文中的内容，一副若有所思的样子，小小的世界，此刻变得开阔起来。以书为媒，让阅读充满爱！

图书馆

2017.6.5

第一期童书专题展共提供 1518 种 3382 册幼儿绘本、儿童图书供教职工借阅。这些童书都是图书馆老师经过千挑万选出的优秀图书，每位走进书架挑选图书借阅的教职工都赞不绝口，一致表扬图书馆工作做得非常贴心而有技术含量，图书馆善于选书的能力得到老师们的认可。

第二期童书专题展于 2018 年 6 月 9 日在阅读体验中心开展，本次童书书展展出 1346 册，同时还举办亲子活动。具体活动通知如下：

图书馆举办亲子阅读活动通知

你或许拥有无限的财富，

一箱箱的珠宝与一柜柜的黄金。

但你永远不会比我富有。

我有一位读书给我听的妈妈。

——史斯克兰．吉利兰

书是一颗小小的种子，当父母通过亲子阅读把它种在孩子的心田，再用耐心去浇灌，小小的种子就会爆发出勃勃生机，长成参天大树，启迪心灵，滋养智慧，儿童阅读是成人献给儿童最美妙的礼物。

为庆祝第 68 个儿童节，图书馆和阅读体验中心于 6 月 9 日（星期六）10：00—17：00 共同举办亲子阅读活动，热烈欢迎各位老师带娃参加！

活动内容：

一、亲子阅读论坛（下午 3：00-5：00）

参加人员：家长们

主题：亲子阅读

主持人：卢儒珍

各位老师在亲子阅读过程存在的困惑、好的做法以及思考等与阅读有关的内容都可现场交流，尤其欢迎自制PPT的老师现场分享。

二、朗读讲座（下午3：00-5：00）

参加人员：小朋友们

主题：朗读技巧

主持人：黄洲君

（黄洲君：原广西气象台气象主播、微信公众号"伊妖台"创始人、北京"听说主播"平台签约主播、从事播音主持培训8年、小主持培训4年，现从事艺术专业教育和小主持人培训）

三、儿童经典图书借阅（10：00-17：00）

图书馆精心挑选小朋友们喜欢的各类经典图书摆放在阅读体验中心，任由其翻阅，喜欢的图书还可当场借回。

整场活动期间阅读体验中心免费提供花果茶、咖啡、奶茶等6款饮品以及自制的小点心供大家品尝。

为方便阅读体验中心准备食材，感兴趣的老师请把参加活动的人数以及小孩的年龄报到图书馆邓己红老师处。

图书馆

2018.05.28

第二期童书展分为上下午两场，吸引力60多位小朋友来到活动现场，积极参与活动并借阅自己喜欢的图书。

这两期童书专题展开展后，老师们纷纷在图书馆阅读参考咨询群里留言表示：图书馆组织的书展活动既有意义又有趣味性，小朋友们意犹未尽，希望能继续参加，如管理工程系秦晓晗老师留言：今天好开心，辛苦图书馆的叔叔阿姨了，希望以后继续有机会参加，书香陪着孩子们长大。设备工程系蒋瑛老师留言：辛苦图书馆的同志们了，今天的活动很好，小朋友能聚在一起很开心。公共基础部曾妍老师留言：喜欢、太喜欢了，希望下次活动快快到来，最好能成为图书馆规定项目。宣传部的包小松老师留言：感谢图书馆同仁的辛劳付出，我的孩子顺利找到组织—建院子弟。

特别鸣谢：本章节的内容得到学院心理健康教育中心宋倩老师、图书馆黄晓老师、图书馆周玲秀老师在图书推荐方面的协助，在此表示感谢！

第七章　"遇见·共享"同伴互荐主题书展

第一节　开展"遇见·共享"同伴互荐主题书展的缘起

同伴是指在一起工作或生活的人。同伴互荐是指同伴相互之间推荐自己喜爱的优秀图书供大家阅读分享交流。具体做法是大学生阅读优秀图书后，采用推荐语或书评等多种形式在主题图书展和图书馆微信公众号平台分享或发表个人的阅读体验，吸引更多的同伴一起借阅同一本书阅读。同伴互荐的目的是让学生自主选择阅读适合自己阅读层次的图书，主动获得阅读体验，并分享个人的阅读内容，达到分享交流共同进步的良好阅读习惯。

第二节　"遇见·共享"同伴互荐主题书展的内容

一、以书评的形式开展主题书展

推荐个人最喜欢或者认为值得推荐的图书并附上推荐理由制作宣传海报，并把这些图书单独陈列出来成为一个主题书展。

（一）活动形式

1.主题图书展：由图书馆勤工俭学的学生推荐书籍，将书籍陈列出来供全校师生借阅。

2. 书评宣传展：图书馆勤工俭学的同学以书评的形式向全校师生推荐书籍，根据书评内容设计宣传板报进行展示，让更多人遇见好书，共赏好书。

推荐人：曾春花　造价 1606

书名：《大学英语四级写作 30 天速成胜经》

索书号：H319.3/33

推荐理由：现在我相信大多数同学和我一样，怀着激动又兴奋的心情迎接假期。但是我们都不要忘记了收假回来有全国英语竞赛和六月份的英语四级考试哦。在此，我为大家推荐《大学英语四级写作 30 天速成胜经》这本书，它里面有很多考试的类型题，能让我们对大学的英语考试有个了解，希望它能对大家有帮助。我们在图书馆一楼，随时欢迎你们的到来哦！最后说句：走过路过千万不要错过，图书馆书多多，总有一本适合你，借不借没关系，进来看看也欢迎。

推荐人：陈焕新　数码 1501

1. 书名：《交流的艺术》

索书号：C912.1/530

推荐理由：卡耐基曾说过："如果希望成为一个善于交流谈话的人，那就先做一个乐意倾听的人。《交流的艺术》这本书是我近期阅读的书籍，这本书内容丰富、富有内涵，教会我们在人与人交谈时应该怎样去说话、应答、提问等。推荐这本好书给在语言交流方面有困难的同学，希望他们从中找到自己的交流艺术。

2. 书名：《繁星·春水》

索书号：I226/41

推荐理由：《繁星·春水》这本书的作者是我国现代著名女作家冰心。

这本书的主题是以"爱"为核心，其主要内容包括歌颂母爱、童真，歌颂自然和童年。书中的情景深深地影响了我的心灵，希望大家也能从这本书中寻找到"爱"的共鸣。

3. 书名：《鲁迅文集》小说卷

索书号：I210.2/32

推荐理由：鲁迅是中国现代著名的文学家、革命家和教育家。这本书是国内知名学者整理、编撰世界上是为了纪念鲁迅在文学方面的伟大成就，本书具有以下的特点：① 对文中出现的生僻字进行了注音和详解；② 按体裁分为四册，小说、散文诗歌各一册，杂文两册；③ 剔除了《鲁迅文集》中非文学以及非原创的部分，如译作、学术论文等，此外书信并未收录在内；④ 鲁迅对自己的作品曾多次修改，此次编集只收录最后定稿；⑤ 某些原无标点的文章，悉由编者重新标注；⑥ 全书文字校订，除改正此前印本明显错别字外，还包括将繁体改为简体，但仍保留通假者及作者习惯的用法。

书籍内容让人深受启迪，有身临其境之感，书中《孔乙己》《祝福》《故乡》等小说留给人深刻的印象。经典名句有"多乎哉？不多也"（《孔乙己》）；"凉风虽然拂拂地吹动他斑白的短发，初冬的太阳却很温和的来晒他"（《白光》）；"语颇错杂无伦次，又多荒唐之言；亦不著明月，唯墨色字体不一，知非一时所书"（《狂人日记》）。

推荐人：邓艳娟 设计 1501

1. 书名：《看房子》

索书号：I267/6412

推荐理由：马岩松说，建筑是一个环境，一个文化。在旅行时我们除了看自然风景，还可以看看当地建筑。《看房子》这本书就是西西的旅行笔记，两百多幅精美照片，一段生动的旅程，跟随西西的脚步漫游世界建筑。

2.. 书名:《等一朵花开》

索书号: I267/6418

推荐理由:"生活不止眼前的苟且,还有诗和远方的田野。"在这个快节奏的现代生活中,我们也可以偶尔放慢自己的脚步,这是一本关于生活趣味的书,一本含有生活哲理的书,让我们和林帝浣一起静静地"等一朵花开"。

推荐人:何富锦　市政 1603

1. 书名:《平凡的世界》

索书号: I247.5/656

推荐理由:这是一部现实主义小说,也是小说化的家族史。作者高度浓缩了中国西北农村的历史变迁过程,作品达到了思想性与艺术性的高度统一,特别是主人公面对困境艰苦奋斗的精神,对今天的大学生朋友很有启迪。

这是一部全景式地表现中国当代城乡社会生活的长篇小说。全书共三部。作者在近十年间广阔背景上,通过复杂的矛盾纠葛,刻画了社会各阶层众多普通人的形象。劳动与爱情,挫折与追求,痛苦与欢乐,日常生活与巨大社会冲突,纷繁地交织在一起,深刻地展示了普通人在大时代历史进程中所走过的艰难曲折的道路。

2. 书名:《四世同堂》

索书号: I246.5/53

推荐理由:小说以卢沟桥事变爆发、北平沦陷为时代背景,以祁家四世同堂的生活为主线,形象真切地描绘了以小羊圈胡同住户为代表的各个阶层、各色人等的荣辱浮沉、生死存亡。作品记叙了北平沦陷后的畸形世态中,日寇铁蹄下广大平民的悲惨遭遇,古老、宁静的生活被打破后的不安、惶惑与震撼,鞭挞了附敌作恶者的丑恶灵魂,揭露了日本军国主义的残暴罪行,更反映出百姓们面对强敌愤而反抗的英勇无畏,讴歌弘扬了中国人民伟大的爱国主义精神和坚贞高尚的民族气节,史诗般地展现了第二次世界大战期间,中国人民为世界反法西斯战争做出的杰出贡献,气度恢宏,可歌可泣。

3. 书名:《朝花夕拾》

索书号:I210.4/23

推荐理由:《朝花夕拾》一书作为"鲁迅回忆的记事",大多侧面地反映了鲁迅少年时期的生活。作者敏锐地将目光投向各个社会层面,评说世态,剖析习俗,叙写感触,抒发心声。表现在"朝花夕拾"系列散文里的远非个人生命的写照,而更像是一幅具有特定时代氛围的长卷。

这本书以优美的文字、热烈而又深沉的感情回忆了作者从儿时到青年时期的生活片段,侧面揭露了当时中国的社会景象。作者在回忆保姆、父亲、老师和朋友逝去的同时,也对丑恶的社会现象进行辛辣的讽刺,爱憎分明,流露着一位人间至爱者对于人生存的基本问题——回忆了爱与死的童年体验和成年以后的深沉思考。

在对往事深情地回忆时,作者无法忘却现实,时不时插入一些"杂文笔法"(即对现实的议论),显示了鲁迅先生真实而丰富的内心世界。如《狗·猫·鼠》一文既有作者对童年时曾拥有过的一只可爱小鼠的深情回忆,又有对祖母讲述的民间故事生动的记叙,同时揭示了现实中那些像极了"猫"的正人君子的真实面目。常摄取生活中的小细节,以小见大,写出了人物的神韵,揭露了事件的本质。如在《无常》中,从无常也有老婆和孩子的事实中,作者既写出了无常富于人情味的特点,又巧妙地讽刺了生活中那些虚伪的知识分子,入木三分。

作者在批判、讽刺封建旧制度、旧道德时,多用反讽手法(又称"双关")。表面上冷静地叙述事件的过程,其实是反话正说,在叙述中暗含着"言在此而意在彼"的巧妙讽刺。如在《父亲的病》中,对庸医的行医过程细细道来,没有正面指责与讽刺,但字里行间处处蕴含着作者激愤的批判和讽刺；在《藤野先生》中，作者用"标致"来讽刺清国留学生的丑态；用"精通时事"来讽刺清国留学生所"精通"的"时事"其实是些无聊的事；用"爱国青年"来反讽当时日本一些受军国主义思想而妄自尊大、盲目忠君、思想狭隘的青年；用"何尝"来加强反讽的语气从而加强肯定等等。作者在散文中常用对比手法，如《五猖会》通过"我"前后心境的对比表达了对封建社会的反感和批判；《无常》通过"无常"这个"鬼"和现实中的"人"对比，深刻地刻画出了现实生活中某些"人格"不如"鬼格"的人的丑恶面目；《狗·猫·鼠》中作者对小隐鼠的爱和对猫的强烈憎恨形成了鲜明的对比。议论抒情描写相结合，人物描写神情毕肖。语言简洁明快，形象生动。风俗人情描写绚丽多姿。

4. 书名：《鲁滨逊漂流记》

索书号：H319.4/504

推荐理由：《鲁滨逊漂流记》是一部流传很广，影响很大的文学名著。主人公鲁滨逊十分乐观，充满了斗志，体现了自我奋斗的精神，他的创造性劳动及成果也体现了人类智慧的无穷魅力。当人遭遇困境时，就必须学会乐观地去改变现状，这需要像鲁滨逊那样惊人的毅力和百折不挠的精神。遇到困难我们不能低头，而是要坚强地与命运斗争，在逆境中成长，用自己的智慧与勇气逆转困境，这是我们读完小说《鲁滨逊漂流记》所能体会到的。

推荐人：黄粗　城规 1501

书名：《我与世界只差一个你》

作者：张皓宸

索书号：I247.7/648

推荐理由：12 个故事，各种各样的人和事，在临睡前慢慢细读，总有一个故事会打动你，总有那么一段时光和你的曾经相似。在你失落、难过的时候能成为一个隔空的拥抱，给你些许无声的安慰。

推荐人：黄岚 建工 1609

1. 书名：《唐朝诡事录》

索书号：I247.8/222

推荐理由：《唐朝诡事录》讲述的是千年前华丽的唐朝不为人知的事。唐朝崇佛信道，是幻术大盛的时代。幻术师们不但游走于民间，还出入于宫廷。《唐朝诡事录》书里更加详细地讲解了唐朝时的幻术到底有多流行。唐朝的夜空，除了李白的明月，还有民间无数关于神、魔、鬼、怪的奇诡想象。这些故事被李复言等人记录在数百部志怪笔记中，成为后世所有奇幻志怪故事的灵感来源和创作蓝本。它会满足你对唐朝诡事的想象。

想看看唐朝人华丽的背后究竟隐藏着怎样的惊奇画面吗，想看看这些画面又为我们记录下怎么湮没千年的秘密吗？那就跟我一起翻开这本书，见证唐诗之外，唐朝人更加天马行空的想象力吧。相信我，这本书会彻底颠覆你们对唐朝的印象，明丽的天空正在褪去颜色，幽暗的古镜已然在手，让这些惊奇的画面一点点地露出轮廓吧！

推荐人：李梦琴 建工 1508

1. 书名：《从你的全世界路过》

索书号：I247.7/631

推荐理由：此书由张嘉佳所著，作者特有的写作风格能给你不一样的阅读乐趣，一个个生动感人的故事，总有一个会触动你心底最柔软的一面，这本书最大的魅力在于，无论你是什么性格的读者，它都可以引起你的共鸣；总有那么一瞬间，你会在张嘉佳的故事里看到自己，也总有那么一瞬间，你会因为这些故事，而想到某个人或某段感情。《从你的全世界路过》，注定会成为你读过的最温暖的书，因为这本书，有关于你的故事。

2. 书名：《活着》

索书号：I247.57/1540

推荐理由：余华的文字朴实无华，他用简单而强烈的笔触抒写着艰难困苦时期中一个不幸的穷人家庭的悲剧故事，他的文字有一种神奇的力量，既让人不寒而栗地感受到命运的残酷和不公，也让人不由自主地挖掘着生活的美好与快乐。

徐福贵风风雨雨的一生，到了最后所有亲人都先后离他而去，仅剩下年老的他和一头老牛相依为命。让人哭到一塌糊涂。本书侧面地写出了那个时代的动荡不安，富贵悲惨的一生。曾经的我总在思考活着的意义是什么？现在才知道只有活着才有意义。

推荐人：李言劲　设备 1503

1. 书名：《第七天》

索书号：I247.59/405

推荐理由：本书集合了作者对当下社会中各种黑暗批判的声音。作者收集了社会各种负面新闻，比如强拆、移民、刑讯逼供、媒体的不公正报道和官方的不作为等等，近些年在网络上掀起批判的社会现实基本都能在书里找到影子。现实主义的手法带领读者重新回顾了过去的社会发展，让我们对"社会进步"这个问题重新思考。

2. 书名：《维罗妮卡决定去死》

索书号：I777.4/3

推荐理由：每个人内心都住着一个疯狂的自我。但现实迫使你做一个大家想看到的自我。所有被期望的这个"我"都是一样的，但每个人都有那么一点不同于他人，这便是内心的自我在作祟。维罗妮卡因为误会自己会死，收起了模板"自我"，释放出疯狂"自我"，住进了疯人院。也许每个人也只能在某个小小的空间和短短的时间里做自己，如果这个时间空间被拉长放大，那么世界就乱套了。正如书中所说"做汩汩而出的泉水，不要做一潭死水。

推荐人：*梁璟榕 消防 1501*

1. 书名：《硬糖手册》

索书号：I267.1/648

推荐理由：一个人的时候，也许你是孤独的，无聊的，失落的，那是你没发现独处时的美。你没有发现在你周围的人和事物的快乐。我们看自己总是模糊的，或者说是透明的，好像那些问题都不曾发生于自己身上一样，好像我们指责对方的那些看不顺眼的行为，自己丝毫没有参与过一样。《硬糖手册》就是挖掘身边的美，告诉你，自己一个人的时候也是快乐的；不快乐的时候怎样治愈自己。致不快乐的自己，活出自己，给自己一颗糖的快乐！

2. 书名：《谢谢你》

索书号：C912.1/713

推荐理由：你还记得小时候第一次交到朋友时的心情吗？如果要把当时的感受化作语言，我顶多只有一点模糊的印象。我想当时也许是以全身心来感受，以无法化作语言、更接近动物的直觉，来判别对方的优点吧，松浦弥太郎的《谢谢你》，教你做最好的自己，教你做最好的朋友，教你活得更舒心。

现在开始，我们应该去找回这种质朴的感受力。如果小时候那种与人联系的纤细触角已经缩得皱巴巴的，那就仔细地去把它舒展开来，慢慢地去修缮，再试着使用看看如何？

本书不仅限于交友，其内容也是在生活中与人相处的备忘录。无论是多么微小的机缘，去珍惜让今天与明日更加灿烂的每个邂逅，好好珍爱人与人之间的每个缘分吧！

3. 书名：《香蕉哲学》

索书号：I267.1/470

推荐理由：自然就是心灵鸡汤。本书记录了作家杨昌溢的日常生活和处事方式，杨昌溢活出了他自己，人生不应该给自己设定这么多限制。更重要的是，大部分时间你一定要像你自己，做真实的自己，过舒服的生活。有时候一觉醒来一切都有了新的开始，有时候一觉醒来一切都还是停滞不前。但用心呼吸，总会感受到不一样的变化。所以介绍这本书给大家，希望你的生活变得更好！

推荐人：廖加帮　路桥1502

书名：《狼图腾》

作者：姜戎

索书号：I247.57/2018

推荐理由：这是一部以狼为叙事主体的史诗般的小说，给我们展示了在宽广、辽阔、深沉、静谧的蒙古大草原上，蒙古游牧民族对狼图腾的崇拜，演绎了自然生态环境的重要价值，也从新的角度探讨了狼性和羊性以至国民性的深刻哲理。

主人公陈阵养的小狼活灵活现，把狼性的热爱生命与顽强的忍耐力更刻画得栩栩如生：在对待食物上，小狼对喜爱的食物居然可以先观察再偷袭；对抗烈日的暴晒，小狼能想出用挖洞的方法隐藏身体；对脱离家园的迁移小狼可以一次次宁死不屈地和牛马车抗争。这种不妥协的态度正是我们大多数人所缺乏的。在生活中我们不缺乏理想的，也有一腔热血，但由于种种原因我们不得不低下我们高贵的头颅向现实低头。

在《狼图腾》这本书中我们不仅能看到狼性的坚韧，还能看到狼的智慧、顽强，它们生命不息，战斗不止，以团队的名义，与人类抗争。狼在捕食时的表现确实极为残忍，但它们只有在饥饿的时候才会进行攻击，这比饱暖思欲，贪得无厌的人高尚很多。狼天性怕光、怕火、怕人，却唯独不怕苦不怕累、不怕死。这种精神不是强悍进取的精神吗？

我们应该学会像狼一样，不妥协，强悍智慧，勇于进取。

推荐人：廖思媛 造价（全过程）1501

1. 书名：《认得清自己，付得起代价》

索书号：I267/6415

推荐理由：始于其粉红色封面的颜值，陷于其励志类主题，忠于其深入浅出的叙述方式。里面有一篇小文章叫作"妒忌是如何毁掉你的幸福的"，很喜欢其中的一句话——"不患寡而患不均"，将人在嫉妒的时候的产生那种心理描述得很贴切。总而言之，对于这本书，我感觉还是很值得一看的。

2. 书名：《我的朝鲜战争》

索书号：I251/48

推荐理由：自己从小到大就一直比较喜欢战争类的纪实文学和电视剧，因为觉得多了解一些我们国家在战争时期所经历的艰辛和风风雨雨，能让自己更贴切地去体会到现在的安稳生活来之不易。这是一本纪实文学，在扉页中阐明了一条真理：英雄们永远在斗争中经受考验，并且一定会战胜对方，英雄永远是祖国的骄傲。

3. 书名：《我微笑着走向生活》

索书号：I217.1/94

推荐理由：本书作者是著名诗人汪国真，他将所抒发的情感在字眼间表达得酣畅淋漓，文字朴实无华，通俗易懂。图文并茂的排版和让人会心一笑的书名，让人第一眼看过去就产生无限好感，吸引眼球。

4. 书名：《卡耐基沟通的艺术与处事智慧》

索书号：C912.1/542

推荐理由：这本书是由著名的励志作家卡耐基撰写的，他是美国成人教育之父，被誉为"人类最伟大的心灵导师"。这是一本关于改善人际关系及为人处世艺术的经典之作，它对于开阔我们的视野、改善我们的人际关系，特别是克服封闭式的人性弱点，有非常宝贵的启示和借鉴作用。如果你想在与别人的交往中做到游刃有余，并做到有效地影响他人的话，我建议你可以阅读一下此书。不用担心阅读耗时太多，因为这本书分成了各个简短的章节，每个章节讲述了一个特定的原则，让你阅读起来更方便。

5. 书名：《这样做事最恰当》

索书号：B848.4/1491

推荐理由：人活着会面临各种事——大事、小事、好事、坏事……这些事不以人的意志为转移，我们必须面对并解决。也许有的人会说，事情人人都会做，这有何难？但是，要把事情做好，并不是口头说说那么容易，而是要把事做得恰到好处才算好。到底怎样做才是做得最恰当？本书能完美诠释你想要的答案。此书立足现实，着眼人生，让你在阅读了之后能够灵活的掌握做事的诀窍，控制好做事的局面，无论面对何种难事，都能够冷静分析对待。

6. 书名：《爱在黎明破晓前 & 爱在日落黄昏时》

索书号：I712.3/10

推荐理由：淡蓝色的小清新封面，略似口袋书的设计，首先从外观上吸引住了我。本书讲述的是一则外国爱情故事，是万千文艺青年心中的爱情范本。以各个小景来讲述所发生的事情，阅读起来一目了然。

7. 书名：《大自然的日历》

索书号：I512.4/194

推荐理由：第一眼看到这本书的时候，可能内心中会产生一些小疑问：大自然还会有日历？它会有什么日历呢？被称为具有倾听鸟兽之语、草虫之音异能的大艺术家普里什文撰写的这本书，能将他自己对大地的热爱和关于大地的知识结合得十分完美，能够很清晰地帮你解答什么是大自然的日历。让著名的诗人带你在书的海洋里进入大自然的世界，让你能够更加真诚地面对大自然，学习他那种以"亲人般的关注"面对自然的态度，以及人生艺术化的"行为方式"。

8. 书名:《此物最相思》

索书号:I207.22/128,I207.22/144

推荐理由:"红豆生南国,春来发几枝。愿君多采撷,此物最相思。"王维的诗,不为修辞学而作的,表达的是含蓄而绵密的情意。想到便拿起来翻一下,此书是张曼娟女士写的,里面都是一些古典诗词的爱情物语,小故事间插着小图片和诗歌,看起来就很美的样子,充满了诗情画意。

9. 书名:《愿你与这世界温暖相拥》

索书号:I267.1/552,I267/6218

推荐理由:粉红色的封面和它的书名《愿你与这世界温暖相拥》,一看就给人一种很暖心的感觉。这本书记录的是作者毕淑敏对自身、对青春、世界与生活的善意察觉,以细腻而不失力度的笔触描绘人生种种细端末节:既有生命的美好体验,也有每个人都可能面临的压力、急躁,还有对心灵陈疾的剖析与审视。这本书从生活的微小处寻找感动,温暖我们心底最冰冷的地方。

10. 书名:《糖衣》

索书号:I247.57/484

推荐理由:"爱似糖衣,我囫囵吞下,享受刹那甜蜜的错觉",如此唯美的一句话,很完整地诠释了这本书所主要想表达的内容。作者是饶雪漫,之前就有看过她的作品,很喜欢她的文字,语言优美、故事动人、风格多变,享有"文字女巫"之称。这本书是漫文集,插画间接着小故事,主要讲述了作者的十七岁,真实贴切,能引发共鸣。

11. 书名:《完美旅图:旅行中的摄影与后期指南》

索书号:J416/1

推荐理由：本书的主要内容，是教人如何打造属于自己的旅图记忆。恰好自己一直都很想学摄影，初看到这本书的时候，感觉这本书刚好正中下怀。本书既有实用功能，又有大量对视觉和事物的理念输出。以实例为载体，通过作者分享自己的旅行体验和摄影知识为一体的教程，给人很真实的感觉。作者通过旅行将整本书内容分为"准备篇"和"路上篇"两个部分，既包括前期拍摄技术，又包括后期修图的实用技术。

12. 书名：《微单相机摄影从入门到精通》

索书号：J41/98

推荐理由：这本书系统地介绍微单相机的使用方法，主要是从微单相机的各类基础知识与拍摄技法入手，内容浅显易懂。而且这本书篇幅分为基础篇、提升篇、实拍篇和创意篇四大篇，书中所使用的照片也都是使用市场上的各类微单相机拍摄，还附有详细的拍摄参数，我觉得非常适合初学摄影的人群阅读，能够让人更详细地了解微单相机和提高摄影水平。

13. 书名：《英语口语风暴·地道开口篇》

索书号：H319.9/298

推荐理由：本书开宗明义地指出，学好口语的方法在于利用好零碎时间，循序渐进。主要内容是讲述如何学习地道的英语口语，书本里插接了很多图片，版式赏心悦目。

14. 书名：《零起点，拿起就会说英语》

索书号：H319.9/300

推荐理由：口袋书的设计让读者便于携带，使用方便，而且这本书配备了拼音和汉子谐音两种发音工具，涵盖了发音、单词、句子、会话、场景知识，很适合英语新手学习。内容循序渐进，符合学习规律，而且还配备了应用，二维码扫描，随扫随听，方便实用。

推荐人：刘艳梅　路造 1601

书名：《巴黎圣母院》

索书号：I565.4/295

推荐理由：小说的情节曲折离奇，富有戏剧性，充满了现实生活中不可能有的巧合，夸张和怪诞。小说中还有一些现实生活中不可能存在的怪诞情节，如作者对"奇迹王朝"的描写，对卡西莫多与爱斯梅拉尔达的尸骨一被分开就化为灰尘的描写，都充满了浪漫主义的幻想。这是一本很有教育意义的书。

推荐人：刘柱　建工 1502

书名：《华胥引》

索取号：I247.59/359（上）、I247.59/360（下）

推荐理由：高中时代观看了改编自唐七公子作品的《华胥引之绝爱之城》的电视剧，向来喜欢古风的我瞬间被这部经典剧所吸引，这是我第一次真正接触由唐七公子撰写的《华胥引》。起初，我以为能写出这样令无数读者粉丝哭泣虐心经典的玄幻作品的作者，想必是一位满腹经纶、书生意气的男士。没有想到她是一位 85 后的兼职女作家，文笔跌宕起伏而不失清新文雅，想象力更是变幻莫测。

书中共分为四卷，第一卷描写的是黎国女将宋凝和姜国镇远将军沈岸的爱恨情仇，名曰：浮生尽。第二卷描写的是莺哥与郑国景垣的爱恨交织，名曰：十三月。第三卷描写的是杯中公仪斐与永安卿的生离死别，名曰：杯中雪。第四卷描写的是东陆最强的秘术师慕容安和陈国公子苏誉之父苏珩的悲欢离合，名曰：一生安。书中给予我最深印象的是便是"一生安"里的——玲珑塞子安红豆，入骨相思君指否，道尽了慕容安对苏珩所流露出的真情思念。

你有没有什么错误要拿生命去换？没有的话，恭喜你，不犯错，不伤人不伤己。有的话也恭喜你，并不是谁都会拿生命去犯的错，也不是犯了错的人都想拿生命去换。

推荐人：陆希　给排水 1601

1. 书名：《第二届中国建筑学会建筑设备（给水排水）优秀设计工程实例》

索书号：TU82/80

推荐理由：选这本书是与我的学习专业有关。为了在给排水专业学习上更进一步，一些实例当然必不可少。设计技术创新，解救难度较大的技术问题，节约能源，保护环境，提供健康舒适安全的居住，工作和活动场所，体现以人为本的绿色建筑宗旨。本书中关于给排水的各类工程，比如国家体育场，上海光源工程等。诸多优秀案例，无不促进我等学生积极向上，以图更进一步成为社会上有用的人。有先例更能促进我的学习，这就是我选此书的理由。

2. 书名《新家居空间·别墅》

索书号：TU241/291

推荐理由：我选这本书，一来表达我对未来生活的向往，二来有益于我学习专业知识。了解建筑构造可以不断增长见识，开阔思维，不断创新，这对于未来的就业也很有帮助的。别墅，高端大气上档次，无疑是人们作为居住的理想形态。别墅设计在色彩上和结构上要突显大气，在平层设计上则要显得比较灵活，根据是业主的生活要求而定。

推荐人：罗春梅　室内 1503

书名：《那时花开：谈回忆》

索书号：H319.4/875

推荐理由：这是一本英汉双语对照读物，内容广泛且丰富，它写的都是关于日常生活的故事，没有生僻的专业词汇，简单易懂，篇幅短小读来轻松愉悦。阅读此书，不仅能提高英语水平，还能了解到欧美国家风俗习惯和文化背景知识。在日益国际化的现代社会，即使我们不能做到"学贯中西"，也应该做到略熟中西"文采"，自觉提高自身修养。书里每篇故事的后都会有词库、文章链接和幽默快车，让我们读书疲惫之余可以复习或娱乐休息一下。

推荐人：莫广森　设计 1504

1. 书名：《建筑与时代》

索书号：TU241-64/489

推荐理由：不管生活在哪个时代都离不开建筑，随着时代的变迁建筑的样式和风格也在不断地变化。本书以现代主义开篇，以历史主义结尾。前者作为 70 年代的现代主义建筑，重新定位自己为传统，同时也从某些方面追溯了它的起源。历史主义一部分将目光放在那些出现于 70 年代，从过去的理念而非过去的建筑风格中寻找新精神的建筑。书中介绍了很多建筑史上的大师作品，例如柯布西耶、密斯凡德罗以及赖特等等让我觉得课堂上学到的知识是远远不够的，课外还需要阅读相关或者有营养价值的书籍来不断充实自己。

2. 书名：《最新别墅外观 V》

索书号：TU241.1-64/21

推荐理由：之所以选中这本书，是因为上学期期末实训是关于别墅设计专业，想更深入地了解相关知识。本书主要介绍了各式各样的别墅外观及风格，有的富丽高雅，有的朴素清新，有的小巧玲珑，有的大方气派。不同的造型，不同的色彩，不同的图案，不同的装饰和语汇，不同的技术手段，这一切都展示着别墅外观的别样风情。建筑学子阅览这本书，面对的是别墅设计师给予这栋房子的一种体态，一种性格，一种风情，合乎逻辑地搭界着四周的山、水、街等景观，有助于拓宽读者的设计思路。

推荐人：莫丽东　管理系　审计 1602

1. 书名：《最怕你一生碌碌无为还安慰自己平凡可贵》

索书号：B848.4/1810

推荐理由：当时我选这本书看的时候，是被书名打动了。因为我觉得它是说我们这一代社会青年的现实生活。作者用 30 个真实的故事诠释了我们应该对生活的向往。在二三十岁的自己，正值青春盛年，要向自己的梦想努力奔跑。三毛说过"一个人至少拥有一个梦想，有一个理由去坚强。心若没有栖息的地方，到哪里都是流浪"。梦想终归是好的，它给我们指引方向和勇气，圆梦之路必有曲折，坚持下去，熬过了你就不一样了。

每一个与众不同的人，都是以无人能及的勤奋为前提的，要么是血，要么是汗，要么是耐得住寂寞时光。所以我们不能碌碌无为，要珍惜宝贵的时间，努力学习，努力工作。要树立目标，坚定信心，为目标努力奋斗，取得成就，在老了以后回忆往事不会因为碌碌无为而为之悔恨。

每个人心中都会希望自己在有生之年能出头。我觉得这句话其实在说那些想成功但却不尽全力，最后只能自我安慰的人，我希望我们都不是这样的人。

2. 书名：《最好的我们》

索书号：I247.57/2160（上）、I247.57/2161（下）

推荐理由：这本书把我们拉回到高中时代的生活，青春终将散场，唯独记忆永垂不朽。让我们在书中做一次青春祭，向"我们的青春"告别吧！

推荐人：莫燕芳　审计 1601

1. 书名：《雾都孤儿》

索书号：I561.4/312

推荐理由：最近读了由狄更斯写的《雾都孤儿》，里边的奥利弗让我很感动。奥利弗在路上走上了七天七夜，饥饿难忍，疲倦不堪。他遇到杰克这个小偷。杰克把奥利弗带到了贼窝，小偷们想把奥利弗训练成一个小偷。但奥利弗受尽折磨也不愿意，逃了出来。读到这，我心中油然而生敬佩之情。他的坚强、勇敢、正义是我们难以相比的！奥利弗承受着痛苦，宁愿过着流浪的生活，也不愿意成为一个小偷。他对美好生活的向往，对生命的渴望，是值得我们学习的。

2. 书名：《人生永远没有太晚的开始》

索书号：B821-49/507

推荐理由：它是美国家喻户晓的摩西奶奶写的一本励志书。内容简单明了，还有部分插图为整本书添了许多色彩。给大家分享我喜爱的一段话：时光本无所谓好坏，只有身处其中的你过得好不好。无论如何，让过去的过去，让未来的到来，爱你现在的时光，许是最好的选择。这不就是再说珍惜现在，放下过去，勇迎未来。

推荐人：覃家益　路桥1501

1. 书名：《浮生六记》

索书号：I264.9/11，I264.9/11，I264.9/7

推荐理由：床头书，枕边读，沈复的这本《浮生六记》，可以充分利用零碎时间，随时充电。这是一部古典文学的随笔，也是一部自传体的作品，原书六卷，现仅存四卷，书中记叙了作者夫妇之间平凡的家居生活，坎坷际遇，以及各地浪游闻见。文辞朴素，情感真挚，前人曾赞"幽芳凄三角，读之心醉"，"文章之妙出诸天然，现于人心。及心心相印，其流传遂远"。

2. 书名：《随遇而安，自在洒脱》

索书号：B821-49/534

推荐理由：随心，随缘，随遇而安。世俗事千万，自在自洒脱。佛语禅心，教会的不只是你在与人相处中的淡定，宽容的处世之道，每一个故事中蕴含不同的寓意所在。处世不在于世界对你有多坏，处人不在于你能得到什么。有一颗随缘的心，你会更快乐，有一颗豁达的心，你会更洒脱。

推荐人：覃柳梅　园林 1501

1. 书名：《等一朵花开》

索书号：I267/6418

推荐理由：用很多的耐心和微笑，去等一朵花开放，有着非常重要的人生意义。这本书是著名作家林帝浣转型之作，由平日的一些水墨画、书法作品和一些零碎杂感文字结集而成，记录下琐碎生活中的无限乐趣：谈各地美食、品茶之趣，赏宋词，感受书法之美，发现生活中的小确幸，从中体悟人生的兴致与禅意。

2. 书名：《草草集》

索书号：I267.1/687

推荐理由：这本书是陈丹青这些年所写杂文和随笔的结集，按主题分为艺术、影像、社会以及木心四个部分，各篇主题与内容虽有不同，却不难读出作者一贯独特的见识与风格，全书或谈及艺术，或论及历史，都极具知识性，并引人深思，延续了以往的高水准。在杂文之外，特别收录陈丹青纪念木心文字三篇，其中《守护与送别》，记录了木心去世前后的点滴瞬间，与以往嬉笑怒骂的杂文相比，伤感、动人而更显温情。

3. 书名：《三十六大》

索书号：I267.1/530

推荐理由：冯唐在《三十六大》的开头写到这样一句话：我想，如果我有一个儿子或者女儿，如果只能选一本书给他们看，我选这本。我也想说：如果只能选某一类的书给同龄的朋友看，我选《三十六大》这类的。因为这类型的书是过来人的一些经验，对我们年轻人来说太重要了，可以让我们少走很多弯路。

4. 书名：《小谎言》

索书号：I611.4/19

推荐理由：莉安·莫利亚提的《小谎言》，在这个故事里涉及暴力与安慰、谎言与真相、伤害与谅解，还有人性中的光明与阴暗、自私与伟大，对于任何一个人来说都不陌生。

5. 书名：《八九十枝花》

索书号：I267/6331

推荐理由：作者沈书枝写故乡的风物、人情，用笔绵密平静，而又生动真实。江南的草木、花朵、食物、亲人、邻里，在她笔下，如被春日阳光照亮，一一醒来。 真正的爱是完全接受一个人、一个地方如实的样子，而不夸张、不隐讳。沈书枝笔下的故乡，正是如此。故乡的可爱与荒凉，生活的乐趣与艰辛，在一支安静而克制的笔下，愈发跃然纸上，动人心弦。

6. 书名：《一个陌生女人的来信》

索书号：I521.4/13

推荐理由：作者是享有世界声誉的奥地利作家斯蒂芬·茨威格，他善于从心理角度再现人物的性格和生活遭遇，特别擅长刻画女性心理，塑造女性形象。《一个陌生女人的来信》是他的代表作之一，讲述的是一个陌生的女人，在她生命的最后时刻，用一生的痴情，写下了一封凄婉动人的长信，向一位著名的作家袒露了自己绝望的爱慕之情。小说以一名女子最隐秘的内心活动为线索，刻画了她情感的痛苦经历，写出了爱的深沉与奉献。高尔基曾由衷地赞赏这是一篇惊人的杰作。

7. 书名：《十八岁给我一个姑娘》

索书号：I247.57/1446

推荐理由：本书以散文的笔触，讲述了"我"在青春期的躁动中迷恋一个叫作朱裳的姑娘的故事。作者试图通过自己的描写，生动细致地刻画出一个处于青春期的男孩内心里那种熊熊燃烧的感觉。

8. 书名：《活着活着就老了》

索书号：I267.1/623

推荐理由：本书是冯唐杂文的终极定本，内容繁多，可以读到作者对这个世界的很多态度，这也是我喜欢杂文的原因之一。书中分为四卷，每一卷的标题都取得很有意思：用文字打败时间、饭局酒色山河文章、如何成为一个怪物和择一城而终老。如果小学的时候遇到冯唐的书该有多好，好词好句就不用愁了，够用整个小学的作文生涯了。

9. 书名：《做饭》

索书号：I267/6408

推荐理由：汪曾祺是一位把口腹之欲和高雅文化之间的距离拉得最近的人，他自称喜欢逛菜市场："到了一个新地方，有人爱逛百货公司，有人爱逛书店，我宁可去逛逛菜市。看看生鸡活鸭、新鲜水灵的瓜菜、彤红的辣椒，热热闹闹，挨挨挤挤，让人感到一种生之乐趣。"

本书是汪曾祺谈吃最全的美文集，与汪曾祺收录的书画相得益彰，借汪曾祺美文以成美书，以飨读者。

10. 书名：《居住区景观规划设计》

索书号：TU984.12/90

推荐理由：本书是以居住区环境系统为对象来探讨景观设计的专业教材。全书分为六章，第1章列举了一些居住区景观设计的基本原则，是设计工作的方向；第2章介绍了景观设计的一些方法，是进入设计工作的依据；第3章讲述了人的感官与景观各要素的关系，以及如何建立人与景观的联系；第4章介绍了居住区建筑的基本常识，这是影响居住区景观设计的直接条件；第 5 章以我国建设部颁发的居住区景观设计导则为线索，详细介绍了导则中涉及的各项景观要素，为教材使用者将来从事实际工作打下坚实的基础；第 6 章对景观的表现形式进行了介绍，使读者对行业语言有些直接的认识。教材以图文并茂的形式进行编写，400 多幅精选图片使读者能够在形象解读的过程中将景观设计理论知识轻松转化为自己的专业知识。《居住区景观设计》适合作为高等院校环境艺术专业类的教材，也可作为相关从业人员的参考书。

11. 书名：《景观设计学》

索书号：TU983/6

推荐理由：本书以景观设计的历史为切入点，通过项目调研、设计流程、表现方法、项目管理乃至职业发展和未来趋势等方面对景观设计学进行了全面且精辟的概述。值得一提的是，本书还收录了 20 个全球极具代表性的景观设计案例，这些一手的研究资料对于希望学习或从事景观设计学专业的人来说十分宝贵。

推荐人：韦慧明 工程造价 1501

1. 书名：《给我勇气的一句话》

索书号：H033/13

推荐理由：生活中我们难免会遇到各种各样的困惑和迷茫，有时候我们可以找好友、找家人倾诉，也有时想着自己能去化解，自己思考。我们不妨看所谓的心灵鸡汤，比如这本《给我勇气的一句话》，简简单单一句话，可能就让我们豁然开朗，解开自己的心结，给我们自己一个希望！

2. 书名：《每天一个益智游戏》

索书号：G898.2/74

推荐理由：在当今信息技术飞速发展的时代，我们很多都是要靠脑力谋生，所以，拥有一个灵活的大脑显得尤为重要。本书可以帮助我们开发智力，启迪思维，提高我们的创新能力、创造能力、动手能力、反应能力等。书里的每个游戏都是极具代表性的经典游戏，有由词汇、数字组成的数字算数游戏，有引人阵阵发笑的趣味游戏，以及让大家手脑并用的图形游戏等。内容丰富多彩，形式活泼，让我们在游戏里都没有"学"的压力，只有"玩"的快乐。

3. 书名：《陪伴是最长情的告白》

索书号：I247.57/1864

推荐理由：正值青春年纪的我们，总有许多的迷茫和困惑，读一本书，放松紧张的心情，舒缓自己的心灵。本书属于文学类，记述着主角们之间的故事。有些故事也是你我曾经经历过，能引发读者共鸣。我走你走过的路，听你听过的歌，尝试你曾经做过的一切，并不是想证明我有多爱你，只是想离你更近一点。在我漫长的生命里，最好的时光，是遇见你。

4. 书名：《去死吧，变态英语》

索书号：H319.3 /29

推荐理由：有别于枯燥无趣的英语教材，本书幽默风趣、简单明了，而且书中配有丰富的插图和各类搞怪的文字，让我们读者能够带着一种愉快的心情学习，免于教条式的约束。

5. 书名：《可不可以，你也恰好喜欢我》

索书号：I247.57/1764

推荐理由：本书讲述了几对年轻人的情感故事，通过这些文字告诉我们，无论爱与不爱，我们都要热爱生活本身，不该对生活怨恨，更不该憎恨自己所喜欢却不喜欢自己的人。幸福是什么？幸福，就是在我喜欢你的时候，你也恰好喜欢我。作者用最生活化却幽默的语言告诉大家，真正美好的情感，就是发自内心的喜欢，无论有钱与否，都可以将爱情经营的浪漫。这是一本关注身边微小幸福的情感书，或许会让你感同身受。

6. 书名：《听说麦兜会跳舞》

索书号：I247.57/1232

推荐理由：初中时代已经离我们有些久远，那些年，我们在书桌底下翻看课外小说，担心着被老师发现……本书带我们一起回忆中学时代。那时的我们不历经世事，除了学习，就是脑洞大开地想象一些稀奇古怪的无厘头事情，每看一本小说，都会把自己假装成主人公，三三两两地讨论里面的情节。假如说你想念你的中学记忆了，就请和我一起走进这本书吧！

7. 书名：《图案设计与创意—黑白篇》

索书号：J522/169

推荐理由：你的艺术天赋，开始于画画吧！图案的表现题材、表达手法、绘制工具和创意范畴都很自由。我们的眼球通常会被一个或者局部的细节所吸引，这往往能表现设计者的想象力和独特的思维。学习设计的同学，建议到我们书馆来找设计创意类的书籍，能更灵活地带动自己的想象，设计出富有生命力的艺术作品！

8. 书名：《漫画素描技法⑥服装绘制篇》

索书号：J218.2/102

推荐理由：这是一本学习服装造型的图书，在这万千变化的世界，我们不断地追赶潮流，对服装追求就是最好的见证。我们害怕撞衫而引起尴尬。这本书能给予我们动手的动力，设计一款我们自己喜欢的衣服，或者是超级特异的图案，做成我们所想要的独一无二的款式。

推荐人：韦奖　建工 1608

1. 书名：《做事先做人》

索书号：C912.1/53

推荐理由：作者梁万里讲述了个人奋斗需经历的三个阶段、所具备的精神素养与行动方式方法。目录页列出做人与做事的 27 条黄金法则，简洁明了地阐述了本书的主要内容，同时还介绍了做人兼做事的技巧，列举了生活中经常遇到的各种人际关系问题，并提出了相应的解决办法，为涉世未深的大学生提供了踏入社会的知识武器。本书每个章节都列举了生动形象的例子，可以引导读者通过合适的手段方法解决现实中的一些人际问题。

2. 书名：《建筑识图与构建》

索书号：TU204/754

推荐理由：这是一本适用于建筑施工及监理企业一线技术管理人员的岗位技能培训和自学用书，特别适合建院学子阅读，为同学们的课余时间填充课堂以外的建筑识图知识点。本书分为第一次课与第二次课，第一次课的主题是学习准备与就业分为 14 个项目阐述，由最基础的建筑与建筑工程施工图的初识到混凝土结构施工图平面整体表达方法，基本上概括了建筑行业中图纸方面的知识。第二次课的主题是建筑工程施工图的综合知识，附录了《房屋建筑制图统一标准》与 AutoCAD 常用命令表，为学习制图遇到的疑点难点提供强有力的标准与规范。

3. 书名：《何谓建筑》

索书号：TU-0/207

推荐理由：这本书是由日本建筑史家、建筑家，工学院大学教授、东京大学名誉教授藤森照信编写，他有许多建筑作品，如《高过庵》《烧杉房屋》等。本书是藤森照信先生根据自己对建筑的看法，以及对近现代建筑方面的看法总结出来的作品。该书分为两个部分，第一部分是对建筑的阐释以及世界各地的主要建筑概况分析，其中最后一个章节是对 21 世纪建筑的评价，从建筑的各个方面为读者做出详细解说；第二部分主要内容是作者与当时主要建筑师交流中所收获的经验做出深刻的总结。本书可以为许多建院学子对建筑方面的疑惑做出解答，值得推荐。

4. 书名:《将建筑进行到底》

索书号：TU-0/200

推荐理由：本书作者是中国 80 后女建筑师"建筑师罗小姐"，本书以幽默风趣的语言，生动描述了女建筑师从大学到工作的成长历程，在轻描淡写中将建筑行业中的酸甜苦辣向读者娓娓道来，为许多建筑学子在建筑学习以及工作生涯中答疑解惑。作者在书中详细描写了自己建筑生活以及工作中的许多经验与心得，更用幽默的语气写出了作者在建筑行业摸爬滚打的心酸经历，更将自己的爱情穿插于建筑事业，同时也认真分析了女建筑师以及所有建筑行业工作者的事业走向，将自己和建筑行业的经历心得生动地向读者展示，记录着作者在建筑行业一点一滴的青春岁月，对建筑的热爱表现得淋漓尽致。建筑是理想，爱情是心跳更是将本书的主要思想升华。

推荐人：韦利元 造价 1507

1. 书名：《积极的力量》

索书号：B848.4/1433

推荐理由：在生活中无时无刻都需要有积极的心态去支撑自己的生活，当你遇到挫折徘徊不前时，别怕，要相信自己永远都是很棒的。世上没有什么事情是做不到，只有自己不愿意去做罢了，所以遇到一点点的困难，根本不算什么，只要积极地面对人生，积极解决问题，在沙漠中总有一天也能长成大树。积极的力量是，失败时，用信心去战胜；恐惧时，用勇气去克服；孤独时，用温情去面对；彷徨时，用目标去激励。《积极的力量》这本书会给你很大的启发，会教会你很多走向成功的秘籍。来吧，让我们一起积极面对多姿多彩的生活！

2. 书名：《好口才．好交际．好办事》

索书号：C912.1/310

推荐理由：口才不仅是处理国与国之间关系的有力武器，更是生活中人际交往的纽带。人们通过交谈表达自己的思想和愿望，表达自己的喜悦和忧伤。情趣盎然的交谈，可以增加了解，促进友谊；细致慎密地交谈，有利于工作的开展；一家人亲密的交谈，天伦之乐共享；朋友品茶谈心，温馨感觉常伴。给力的口才，也将很多的决定你办事的效率。这本书从三个方面告诉你处世的技巧，告诉你如何将口才、交际、办事结合起来，使自己走向成功的殿堂。

推荐人：韦圳志　园林 1502

书名：《道路绿化景观设计》

索书号：TU985.18/3

推荐理由：《道路绿化景观设计》能让学习规划专业的师生们了解道路的布局和绿化景观的植物配置。街道不仅仅是连接两地的通道，在很大程度上还是人们公共生活的舞台，是城市人文精神要素的综合反映，是一个城市历史文化延续变迁的载体和见证，是一种重要的文化资源，构成区域文化表象背后的灵魂要素，上海浦东的世纪大道、南京东路步行街、外滩滨江路景区、苏州观前步行街都是成功的范例。因此，加强道路建设，讲究道路空间的艺术设计，追求"骨架"与整体的平衡和谐，是完善城市功能，提高城市品位的有效途径。

推荐人：韦宗　路桥 1502

书名：《你的生命如此多情》

索书号：I247.57/1683

推荐理由：本书讲述了一段纯粹的男女爱情，在现实中遭遇了某些无法回避也难以两全的利益冲突。年轻的主人公在自己的生命中表现出来的多情多义，实际上代表了一个人对他人和社会所应当具有的那种无私和责任，让人觉得非常美丽。

推荐人：许剑威　消防 1501

1. 书名：《恋爱心理学大全集》

索书号：C913.1/265

推荐理由：恋爱，是人生的重要一课，也是我们一直探索的亘古弥新的永恒主题，男女都向往美好甜蜜的爱情。然而，为什么有的人恋爱之路比较顺畅，甜蜜幸福；有的人恋爱之路却总是荆棘丛生，困难重重。究其原因，除了现实的规律和所谓的"缘分"之外，心理因素十分重要。本书能够让你懂一点恋爱心理学，知恋人所想，就能让你轻松俘获恋人心，让你们的爱情能时时保鲜。不论你渴望恋爱、正在恋爱、刚刚失恋，还是已经步入婚姻殿堂，都可以从书中找到属于自己的恋爱秘籍、婚姻博弈的技巧，得到属于自己的幸福。

2. 书名：《从你的全世界路过》

索书号：I247.7/631

推荐理由：本书是微博上最会写故事的人张嘉佳的一部短篇小说集，超4 亿读者争相阅读的故事。书中讲述了发生在我们身边的很多爱情故事，有念念不忘的美好，有爱而不得的疼痛，有生离死别的遗憾，有一再错过的宿命，也有喧嚣之后的回归和温暖。总有那么一些瞬间，你会在张嘉佳的故事里看到自己，也总有那么一些瞬间，你会因为这些故事，而想到某个人，某段爱情。《从你的全世界路过》，注定会成为你今年读过的最温暖的书，因为这本书，是关于你的故事。

3. 书名：《老生》

索书号：I247.57/2005

推荐理由：贾平凹佳作颇丰，而且各有千秋。《老生》作为他的新作，也是作为他的寿礼，以浓郁的陕南风情，独特的叙事方式，引起了读者的广泛关注。正如"横看成岭侧成峰"一样，一万个读者眼里有一万个《老生》。在我看来，贾平凹洋洋洒洒地讲述陕南农村一百多年的民间故事，看起来纷纷杂杂，其实是在阐述生与死的哲理。

《老生》对《山海经》的解读，正是在大视野里俯瞰万物的生与死。一山一川，一草一木，千奇百怪，林林总总。但是，此物之生与他物之死，都有着千丝万缕的必然联系。如草木不生之山，必然是蕴藏宝物之地。这是五行相克之理也，大抵是"金克木"吧。尽管世间的万物既不是从来就有的，又不是永远存在的，但比之"石中火""隙中驹"般短暂的人生，还是相当漫长的甚至是永恒的。大自然的沧海桑田有其不以人的意志为转移的自身规律，是任何人难以逆转的。

《老生》中描写的人物，生命或长或短，或贵或贱，但都有着自身的传奇。从这里我们看到了无涯的人流，他们在人事更替中铸就了历史。生与死是人生的两大环节，这两大环节把无涯的人流紧紧地箍在一起，让人站在过去、现在、未来的时间经度上，与山川草木形成的空间纬度交织在一起，形成了历史的天空。

至于此书之所以起名为《老生》，或是之一个人的一生活得太长了，或是仅仅借用了戏曲中的一个角色，或是赞美，或是诅咒。老而不死则为贼，这就是说时光讨厌着某个人长久占据在这世上，另一方面，老生常谈，这又是说的是越老了就不要去妄言诳语吧。

推荐人：杨炎兴　城规 1502

1. 书名：《黄金时代》

索书号：I247.57/1777，I247.57/1590，I217.2/166，I247.57/1248

推荐理由：真情、不虚伪，敢于把内心的想法表达出来。在我们这个时代说真话的已经不多了，在二十多岁这个黄金时代，我们疯狂过、犯错过、迷茫过，但这些我们不曾后悔过。叙写了我们不悔的青春，我们保持着一个最本初的心，还没有被社会的风气所污染。 在这个黄金时代，我们更应该珍惜我们所做的每一件事情，不让后来的自己后悔。

2. 书名：《我们仨》

索书号：I267.1/517，I267.1/417

推荐理由：一个寻寻觅觅的万里无长梦，一个单纯温馨的学者家庭，相守相助、相聚相失。平平淡淡的语句，写出浓浓的亲情。一个家庭成员之间亲密无间，相互理解、关爱、包容。在一起的时光总是那么短暂，是时间把我们分开。总感觉那样像梦一样，一直保持下去不想醒来，愿我们仨一直相互陪伴在身边。不要到最后我一个人思念我们仨。家人在一起，多希望像《我们仨》里面写的那样温馨、快乐、知足。

3. 书名：《活着》

索书号：I247.57/1540

推荐理由："活着"在中国语言里充满了力量，它的力量不是来自于喊叫，也不是来自于进攻，而是忍受生命赋予我们的责任，去忍受现实给我们的幸福和苦难、无聊和平庸。

《活着》讲述了一个人和他命运之间的友情，这是最为感人的友情，因为他们相互感激，同时也相互仇恨；他们谁也无法抛弃对方，同时谁也没有理由抱怨对方。他们活着时一起走在尘土飞扬的道路上，死去时又一起化作雨水和泥土。

4. 书名：《兄弟》

索书号：I247.57/1619

推荐理由：《兄弟》展示了人类情感的全景——从庸俗、狂热、机会主义到爱和内心的伟大，几乎全部包容在内。作者的叙述融合了史诗、戏剧、诗歌，有对话，有描写，有情节。既有深深悲哀和难以名状的残酷，令人捧腹大笑的闹剧和怪诞离奇的幽默，也有直刺人心的嘲讽和让人解脱的欣喜崇高细腻的爱和动人的同情。在这个小宇宙中，没有人是孤立的，也没有任何隐私可言的，求爱和耻辱，痛苦或死亡的故事都是公开的发生在大街上，这使小说本身就成了世界剧场。

推荐人：周慧婷　审计 1601

1. 书名：《唐朝到底是怎么回事》．5，［乱世风云］

索书号：K242/17

《唐朝到底是怎么回事》．4，［玄宗盛世］

索书号：K242/16

推荐理由："无边落木萧萧下"，"不尽长江滚滚来"——杜甫《登高》杜甫的诗并不陌生，它一直陪伴这我们。想知道杜甫背后的乱世年代，那就拿起《唐朝到底怎么了》这本书。说起唐朝，我们最为熟悉的是唐太宗的贞观之治，唐玄宗与杨玉环的爱情或是武则天的传奇人生。看完这本书给予我最多感触的是于乱世中宽而能断，喜怒不形于色，仁孝温柔，同时平定安史之乱的代宗皇帝。为何唐太宗能创造大唐荣耀，安禄山、史诗明、杨国忠为何能掀起安史之乱，颠覆大唐荣耀？请走进大唐世界去寻找答案吧！

2. 书名：《高等学校英语应用能力考试指导书（B 级）》

索书号：H310.42/60

推荐理由：报考了英语 B 级考试的同学们，不要忧伤，不要着急，让我为大家推荐一本书——《高等学校英语应用能力考试指导书（B 级）》。这本书主要内容包括：专项精讲、综合训练、历年真题和答案详解（包括听力原文）。专项精讲主要是让备考同学们针对自己的弱项进行特别训练，强化提高。综合训练帮助备考同学了解自己的实际水平，清楚自己的努力方向。历年真题帮助备考同学们熟悉考试的内容、题型、难易度和做题方法。书末提供了答案详解和听力原文，方便找出自己不足的地方，过 B 级考试也就很容易了。

3. 书名：《边城》

索书号：I246.5/59

推荐理由：《边城》犹如一首哀婉凄美的田园牧歌。在雷雨声的夜里翠翠失去了从小相依为命的祖父，只留下了一只忠实的黄狗相伴。那个在月下唱歌，使翠翠在梦里为唱歌把灵魂轻轻浮起来的年青人，却杳无音讯。翠翠应该何去何从呢？在边城的茶峒的人，性格善良，有像船总顺顺那样豪爽且颇有些侠气的，有像老船夫那样任劳任怨而又热情敦厚的，有像天保、傩送那样年轻有为的……茶峒里的居民像共同生活在一个大家庭里，邻里和睦互助，充满温情。翠翠是幸福的还是悲惨？

对我来说在这本书给予最大的感动不是翠翠和天保、傩送三个之间的爱情。而是爷爷和孙女之间感情。爷爷保有着中国传统的美德，他对孙女翠翠亲情无限。为翠翠的亲事操心担忧，尽力促成翠翠爱情的实现。在生活上，对翠翠也是无比关怀，不让翠翠坐热石头，唯恐翠翠生病；在感情上尽力体谅翠翠的心思，翠翠忧伤寂寞时为她讲故事、说笑话、唱歌。他也是淳朴厚道却也倔强的老人，他为翠翠美丽而自信骄傲。为了让翠翠嫁一个好人家，他不计地位的贫寒低贱，内心凄苦忧虑与责任自信交错。但最终还是把遗憾留在了人间，未能等着翠翠出嫁，留下了翠翠一人独自面对生活。

4. 书名：《旅行与读书》

索书号：I267.1/744

推荐理由：旅行与读书估计是很多人最大的梦想与爱好了，每个文艺青年都想一边旅行一边读书，这样就把读万卷书行万里路的两个小目标全都完成了。一场说走就走的旅行，也是我高中到现在以来最想做的一件事之一。说走就走很容易。但要真正的实行起来是极其艰难的，弃学习，不跟家人，朋友说一声再见，拿起背包就走，这是需要极大的勇气。所以我将这个愿望渐渐埋进了心底。

然而在图书馆里有着这样一本书勾起了我心中对旅行的不一样的理解。"书中自有黄金屋，书中自有颜如玉"，我在书里感受到了旅行的滋味。书中主人公因尽信书而踏上惊险万分的瑞士登山之旅；在印度遇见了高明的地毯商人；在南非草丛中充满生命历险的"萨伐旅"；在灾难过后的巴厘岛矛盾的旅人心境；阿拉斯加天地独行般的行迹；土耳其街摊品尝两个羊头的滋味；还有日本东京的梦幻美食之旅……虽然真实的美食、美景未必能全尽人意，但主人公因书而享受到了十场梦幻之旅并且体会到别样的新人生也是值得的。同样也让我们品味到了世界的丰富多彩，值得我们去一一探索。

二、学院图书馆微信公众号平台开展好书推荐

推荐人：艾博　设计艺术系　室内 1602

书名：《寻找回忆的人》

作者：〔日〕镝木莲

索书号：I313.45/805

推荐理由：这本书，封面精美，拿在手里特别有质感，像一幅油画一样让人沉醉，本书被誉为《解忧杂货店》之后的时空旅行，唤醒记忆和爱的温暖治愈小说，疗愈我们 100 种孤独的秘密，就在这本书里。你有什么遗憾的回忆吗？如果有机会寻找回忆，你会选择找回什么？

推荐人：黄琳　城市建设与交通工程系　市政 1801

书名：《黎明破晓的世界：中世纪思潮与文艺复兴》

作者：〔美〕威廉·曼彻斯特

索书号：K503/9

推荐理由：这是一部与历史有关的著作，推荐给对历史感兴趣的人，去详细了解西欧中世纪的兴衰史。这本书中精美的插图大都是名画名作，读起来令人赏心悦目，威廉·曼彻斯特以其优美的散文风格叙述历史故事的优雅和严谨，而这也是他唯一一部关于中世纪历史著作。

推荐人：刘思宜　管理工程系　建管 1802

书名：《挪威的森林》

作者：〔日〕村上春树

索书号：1313.45/356

推荐理由：这是一部平缓舒雅的恋爱小说，小说里的环境描写细腻自然。小说向我们倾诉了生与死，死与性，性与爱，坦率与真诚。小说也告诉我们，死亡无国界，孤独无国界，青春时期对爱情的迷惘、彷徨，也告诉我们积极努力地生活，会让希望战胜失望。

推荐人：黄祖顺 土木工程系 建工 1712

书名：如果可以去流浪

作者：杨然

索书号：I267.1/758

推荐理由：作者从 18 岁大学期间开始自助旅行，大三在哥廷根大学交流学习一年，德国许多座城市都留有她的足迹。21 岁开始进入航空公司工作，利用业余时间踏遍欧洲、亚洲多个国家和地区，不辞职也能去旅行。在路上，她遭遇各种困难，与流浪汉在一个候车室过夜，无数次走错路，忍受饥饿、丢钱、被骗，甚至在安达曼海上漂流命悬一线；然而她也在巴黎巧遇卖掉家产独自来旅行的美国老人，在罗马和伙伴走街串巷找寻美的意外，在拉萨茶馆里和藏族老人喝茶闲谈，这些终生难忘的经历让她真切地听到来自内心真实的声音，找到旅行和生活的真正意义。

作者笔下的布拉格，是独特的，充满历史气息的，是一个美好的传说。看了作者所描述的布拉格，这不禁让我对之无比向往。作者先想象对于布拉格的印象，再根据自己亲眼所见的来证明布拉格，并不能以狭隘的想像来评说他的独特美丽。这里，作者用到了尼采曾说过的一句话"当我想以一个词来表达神秘时，我只想到了布拉格"。

人生就是一场流浪，当你在路上，才能找到生活的真正意义。

推荐人：牟家鸿 计算机与信息技术系 数媒 1802

1. 书名：《我的生活不可能那么坏》

作者：〔日〕河尻圭吾

索书号：J238.2/267

推荐理由：这是本会让你从头笑到尾的绘本。啼笑皆非的事件，书中的故事每天都发生在我们身边甚至就发生在我们身上。如果你觉得自己的生活"丧丧"的，拿着本书会让你发现，其实无伤大雅的"丧丧"生活也不错。

2. 书名：《平凡的世界》

作者：路遥

索书号：I247.57/461

推荐理由：这是一本反映现实主义社会的小说，所谓"平凡的世界"里有着这样一群不平凡的人，里面自强不息，拼搏与追求的精神更是值得学习，也改变了我生活中的一些想法。

推荐人：杨永昌　土木工程系　高建1702

书名：肖申克的救赎

作者：〔美〕斯蒂芬·金

索书号：I712.45/37

推荐理由：难得有一本书被改编为电影后能如此受欢迎，也没有哪部电影能比《肖申克的救赎》能更好地诠释梦想与救赎这两个词的关联和真谛，电影给人带来心灵的震撼与洗涤从未如此深刻，主角安迪与男二黑人瑞德主辅相成的两条脉络营造了一个关乎追梦自由和心灵救赎最好的故事。当看过电影，不禁感慨对比安迪的遭遇，我们生活中看似迈不过的坎又能算什么？这是最有温度的电影，生活其实本就一直有着梦想，哪怕失败，只要能心拥梦想，便定能获得希望的救赎。这本书和它的电影都是值得每个人去细细阅读体会的。

第三节　开展"遇见·共享"同伴互荐主题书展的启示

一、鼓励学生写书评

通过写书评，可以增强学生的阅读体验，寻找某一个切入点，以真实笔触记录所思所想，不需要长篇大论，也不用堆砌华丽的辞藻。同时，由老师提供指导，鼓励学生撰写书评的积极性，提高写作能力。

二、充分利用同伴认同心理特征

从心理学上讲，大学生自我意识增强，作为独立个体善于提出自己独到的见解，同时又希望得到集体或同伴的认同，因此会通过推荐自己喜爱的阅读书目给同伴，以期寻找共鸣。再者，同伴推荐图书的兴趣点以及层次更适合同龄学生，互荐有利于学生促进阅读，共同进步。

第八章　高职院校阅读推广发展条件

第一节　高职院校阅读推广离不开领导支持

范并思在《阅读推广的管理自觉》一文中提到在阅读推广的初期，图书馆的管理者一方面受到上级要求、同行的榜样、服务指标等外在因素影响而组织馆内相关人员进行图书馆服务周／月或者各种节日活动开展阅读推广；另一方面是在一线图书馆馆员出于工作热情或个人兴趣，在个人的图书馆服务中引入阅读推广，并得到图书馆管理者的支持，推动阅读推广。[①]

随着图书馆现代服务理念的不断深化，图书馆的借阅服务和信息、参考咨询等传统服务已不能满足读者的需求，阅读推广成为图书馆一项新型的服务项目。有别于传统的图书馆服务项目，开展大型阅读推广活动需要策划详细的活动方案，包括活动场地、设备以及人力资源等要素，进行统筹规划。而高职院校图书馆馆员数量和素质远远达不到开展大型阅读推广活动的要求，因此高职院校图书馆开展大型阅读推广活动离不开图书馆馆领导的支持。

领导支持不仅仅来源于图书馆的管理者，也包括学院上层领导。上层领导对图书馆事业的重视程度决定了图书馆开展阅读活动推广的程度。

领导支持具体体现在宏观、微观以及理念上三大方面：宏观上，把阅读

---

① 范并思，王巧丽．阅读推广的管理自觉 [J]．图书馆论坛，2015（10）：8-14.

推广纳入图书馆服务的主要项目中，并在图书馆服务的预算、控制、考核、评估等方面加入阅读推广指标；把阅读推广纳入图书馆发展战略，建立适合开展阅读推广活动的服务空间、活动所需的设备、阅读推广人力资源的设计与建设、活动方案的顶层设计等。微观上，在具体开展每项阅读推广活动中对所需的人力、设备、空间、资金等方面的支持。理念上，要坚持图书馆对阅读推广活动的主导地位，体现在分工上，图书馆在阅读推广活动中更多的是其作为公益机构承担保障读者的阅读权利和自由的使命，体现公平公正以及平等理念；体现在活动组织中，图书馆作为活动的主办方充分利用合作方的资源或能力优势将图书馆的利益最大化。

范并思提出图书馆阅读推广需要管理自觉，含义是：对图书馆事业的宏观管理者，如图书馆主管部门、图书馆行业组织，需要将阅读推广作为图书馆的主要服务项目，纳入图书馆行业的核心价值、职业伦理，以及其他行业类宣言、声明文件中，并在图书馆服务的预算、控制、考核、评估等方面加入阅读推广指标等；对图书馆服务的微观管理者，如图书馆馆长或大型图书馆的部门负责人，则需要将阅读推广纳入图书馆发展战略，制定有益于推动阅读推广的图书馆核心价值和服务政策，建立适应开展阅读推广活动的服务空间，配备阅读推广活动所需设施设备，更加主动地进行阅读推广人力资源的设计与建设，对阅读推广的策划、资源、品牌等进行顶层设计。[①]

高职院校管理自觉，更需要的是管理者认知自觉以及为学生服务自觉的高度，这样从上而下捏成一股绳进行阅读推广才更有成效。

第二节　用图书馆现代理念来指导和制约阅读推广

阮冈纳赞于 1931 年撰写的《图书馆学五定律》是一本享誉世界的图书馆学名著，其图书馆学五条定律被国际图书馆界誉为"我们职业最简明的

---

① 范并思，王巧丽. 阅读推广的管理自觉 [J]. 图书馆论坛，2015（10）：8-14.

表述"。第一定律：书是为了用的；第二定律：每个读者有其书；第三定律：每本书有其读者；第四定律：节省读者的时间；第五定律：图书馆是一个生长着的有机体。作为一种机构的图书馆就是一个生长着的有机体，图书馆正是由藏书、读者和馆员三个生长着的有机部分构成的结合体①。图书馆把这五条定律作为行为准则，用于开展各种服务如开架借阅、参考咨询等。虽然图书馆学五定律仍然是开展图书馆服务的准则，但随着阅读推广作为图书馆服务创新的新领域，更需要用现代图书馆理念来指导和制约。

阅读推广作为新型的图书馆服务，最主要目标是使不喜欢阅读的人喜欢阅读，使不会阅读的人学会阅读，使阅读有困难的人克服阅读的障碍②。为了进一步拓展阅读推广的发展空间，提升阅读推广的质量和绩效，图书馆在开展阅读推广服务中既受到图书馆核心价值和职业伦理的制约，又需要现代图书馆理念的指导。

一、图书馆核心价值体系

图书馆的核心价值是图书馆届对于自己责任或使命的一种系统说明，表达的是图书馆人的基本理念。③它包括对全社会开放；对所有人平等服务；尊重和保护读者隐私；促进社会包容；提供平等的、包容性的专业化服务；促进阅读与终身学习；开展社会合作等。

二、现代图书馆理念对阅读推广的指导

现代图书馆服务是一种专业化的服务，这种专业化服务的重要特征是恪守自己的核心价值与职业伦理，用图书馆行业所认同的职业理念指导自己的服务，并依据这些职业理念对自己的行为形成自我制约。

① ［印］阮冈纳赞．图书馆学五定律［M］．北京：书目文献出版社，1988（11）．
② 范并思．阅读推广与图书馆学：基础理论问题分析［J］，中国图书馆学报，2014（9）：4-13.
③ 范并思．构建中国图书馆核心价值体系之思考［J］．图书与情报，2015（3）：50-55.

（一）读者权利

利用图书馆是公民的权利。无论读者的经济收入、社会地位如何，都应该享有同等质量的服务，拥有相同的读者权利。在高职院校图书馆开展各项阅读活动时，设计活动方案中要体现每位读者参与的权利，每位师生都应该享有同等质量的服务，让学生感受阅读的乐趣和魅力，培养学生的阅读意愿和习惯。

（二）公平服务

公平服务的原则是根据读者能力水平高低，为读者提供差异化服务，从而保障每一位读者的阅读服务质量。在高职院校里，对于刚入学的新生而言，他们很多对于图书馆的概念仅停留在一栋装满书的建筑物，并不了解图书馆构造、图书排架、图书馆资源、图书馆的使用方法等。对此，图书馆应该采取培训、讲座、参观、授课等方式，让学生尽快熟悉图书馆，能在以后的学习生涯里更好地利用图书馆。对大一学生这群特殊群体进行新生入馆教育阅读推广服务就是一种公平服务的体现。

（三）人性化服务

人性化服务是图书馆一项重要的服务原则，而阅读推广是图书馆人性化服务原则最真实的体现。图书馆在开展传统服务中处处体现人性化服务，例如开馆时间，都以方便学生使用为出发点进行开馆；环境设计上，图书馆具备供水系统、空调设备、书桌等硬件服务设施。高职院校开展阅读推广活动中人性化服务主要体现在，开通了便利的沟通渠道，针对每个阅读活动项目都建立了对应的 QQ 群，由专人负责答疑解惑。高职院校学生相对而言学习的主动性不高，也存在自信心不足，在参与阅读活动中既是一种自我锻炼也是一种自我肯定。他们对整个阅读活动提出个人的理解，这些看法和疑惑被给予肯定并得到耐心解答，学生则认为他们在参加阅读活动中受到老师们的肯定和尊重，会对阅读活动更加积极参与。对不同层次学生给予耐心解答与肯定也是图书馆人性化服务的一种表现。

（四）尊重读者隐私与价值中立

保护读者的隐私是长期以来图书馆的任务之一，也是图书馆的工作道德和实践准则。读者隐私，顾名思义，就是读者在图书馆使用图书馆资源的一切行动及痕迹。读者在图书馆的所有行动轨迹都应当受到图书馆的尊重与保护。价值中立作为图书馆的核心价值之一是图书馆公正意识的本质体现，也是维护民众自由平等权利的基本保障，更是推动图书馆事业持续发展的精神力量。图书馆倡导服务中立，并不是教育或者限制读者的阅读，而是帮助读者自主决定应该阅读何种资料，接受何种信仰或者观念。① 如果图书馆人的阅读干预是为了帮助读者形成阅读意愿和阅读能力，而不是对读者进行价值观、品性方面的教育与干涉，就是符合现代图书馆理念的阅读推广。

第三节　高职院校图书馆加强对阅读推广的研究

高职院校图书馆阅读推广的发展给图书馆理论和实践都带来新的问题，图书馆员在开展阅读推广活动过程中对阅读推广理论和实践不断研究是阅读推广活动发展、拓展、创新的保障。阅读推广是一种新型的图书馆服务形式，它倾向服务多样化、个性化和活动化。其中，服务活动化意味着图书馆管理者面临着阅读推广活动的顶层设计以及活动带来的管理问题等。图书馆活动管理，是一个从方案设计到活动结束的完整周期，图书馆推广活动需要新颖的创意、优秀的策划、响亮的品牌和服务营销，包含阅读活动的创意、策划、组织运营、品牌管理、服务营销、总结等环节，这对于图书馆工作人员都是全新的研究课题。

高职院校图书馆不仅仅研究阅读推广的相关理论，更要研究阅读推广活动的实践。高职院校阅读推广研究有：阅读推广基础理论研究，包括图书馆

---

① 李凤智，范并思. 现代图书馆理念对阅读推广的指导和制约 [J]. 图书馆，2017（8）：45-49.

阅读推广及相关概念的内涵与外延；阅读推广活动的理念以及核心价值；阅读推广的研究方法；阅读指导；学生需求层次以及阅读倾向；阅读推广活动的策划与创意等，用专业、热情、耐心去做阅读推广活动，用敬畏心态去研究。[①] 例如，对广西建设职业技术学院开展阅读马拉松活动的研究，包括活动方案设计、对学生阅读指导、赛后总结三个方面进行。阅读活动就是在不断开展中进行研究，总结经验才有更好的创新。

第四节 高职院校阅读推广活动 需要图书馆员的阅读指导

范并思在《论图书馆阅读推广的理论体系》一文中将图书馆阅读推广的服务目标归结为四点，第一是引导缺乏意愿的人喜欢阅读，这需要讨论什么是引导式图书馆阅读推广，引导式阅读推广的类型与特征，引导式阅读推广在图书馆的实践。第二是训练缺乏阅读能力的人学会阅读，这需要讨论什么是训练式图书馆阅读推广，训练式阅读推广的类型与特征，训练式阅读推广在图书馆的实践。第三是帮助阅读有困难的人跨越阅读的障碍，这需要讨论什么是帮助式图书馆阅读推广，帮助式阅读推广的类型与特征，帮助式阅读推广在图书馆的实践。第四是以优质的阅读服务提升公众阅读的效率，这需要讨论面向普通读者的图书馆阅读推广，服务式阅读推广的类型与特征，服务式阅读推广在图书馆的实践。[②]

阅读推广作为一项专业性工作来做，就必须形成相应的"技术性"话语体系。高职院校图书馆在阅读推广工作中需要通过以下四个方面来落实和实现这四个基本目标：一是"引导"。对于缺乏阅读意愿的人，高职院校图书

---

① 范并思. 图书馆阅读推广的研究方法——在"图书馆阅读推广理论与实践"专题研讨会上的发言 [J]. 上海高校图书情报工作研究，2017（1）：20-25.

② 范并思. 论图书馆阅读推广的理论体系 [J]. 图书馆建设，2018（4）：53-56.

馆通过生动有趣的阅读推广活动，引导他们感受阅读的魅力，享受阅读的乐趣，并逐步形成阅读的意愿。二是"指导"。在高职院校指导学生阅读非常重要，有许多学生有阅读意愿和乐于阅读，但不善于阅读，主要表现为一是不善于选择适合自己的图书，二是不善于如何阅读一本书。针对学生存在的阅读问题，图书馆员可以指导学生如何阅读。三是"帮助"。图书馆的服务对象中还存在阅读困难人群，也称图书馆服务的特殊人群。对于公共图书馆来说，此类特殊人群包括残障人士，阅读障碍症患者等；对于学校图书馆来说，主要是那些缺乏阅读知识和辨别能力的低年级学生。图书馆需要对他们提供阅读帮助，阅读推广服务是最好的帮助。而高职院校对新生进行入馆教育就是给予他们很好的帮助。在高职院校里存在少部分学生从未到图书馆借阅图书的情况，这部分同学极有可能存在阅读困难，需要老师或图书馆员的帮助。四是"服务"。传统图书馆服务目标人群的主体是具有较好阅读能力的人，即所谓高层次读者。图书馆阅读推广活动为他们提供阅读的便利，丰富了为他们服务的方式。对于学校图书馆来说，除了专业阅读之外，还要引导他们了解和学习专业之外的知识，丰富他们的阅读视野，拓展他们的知识范畴。高职院校图书馆对教师群体提供优质服务，为他们阅读提供便利。广西建设职业技术学院图书馆建立便捷的荐购途径，许多老师针对个人急需或难寻图书首先想到图书馆，图书馆给他们购买或获取急需或难寻图书已成为学院老师教学科研的保证。①

第五节　高职院校图书馆员阅读推广人的培养

高职院校开展阅读推广面临这样的问题：阅读推广活动开展繁琐，繁重工作量与人员投入极不协调，促使高职院校图书馆阅读推广活动难以长久坚持下去。

---

① 吴晞. 图书馆为什么要进行阅读推广 [J]. 公共图书馆，2013（10）：09-13.

阅读推广主要依靠图书馆员的主动性和创造性来推动服务的开展。在文献外借阅览等传统图书馆服务中，图书馆员的职能更多的只是保证服务的正常进行（如阅览室按时开放），并通过人性化服务改善读者的阅读感受。而在阅读推广服务中，图书馆员的服务创意和服务设计却是服务的起点，图书馆员的创意与设计、资源的调动、活动的组织是阅读推广正常开展的重要保障。

一位优秀的阅读推广人至少应该具备三方面的素质：一是工作的主动性。大型阅读推广活动可能通过执行上级指令完成，但常态化的阅读推广只能通过员工的主动进取才能进行；二是创新能力。阅读推广活动不可能一成不变，不断提出创意、进行服务创新是长期有效开展阅读推广的基本保证；三是具有调动社会资源的能力。阅读推广活动所需要的外部资源很多，如通过志愿者组织活动或讲故事，借助馆外的文献或场地、设备。图书馆如果具备广泛的社会联系，善于吸引社会各界人士参与图书馆阅读推广活动，能显著提升阅读推广的质量。因此，对具备管理自觉的图书馆管理者，特别需要在阅读推广中加强人力资源的总体管理，强调阅读推广图书馆员的培养、选派、评估与激励，通过组建具有创造力和执行力的阅读推广团队来促进图书馆阅读推广服务。

第六节　高职院校阅读推广的反馈机制建设

阅读活动的根本目的以及宗旨在于提高学生的阅读能力和水平，根据学生的需求建立学生与图书馆互动沟通的渠道是图书馆开展阅读推广长久坚持下去的条件。

图书馆的阅读推广活动必须具备反馈的渠道，只有及时收集和处理反馈信息，才能更进一步地推动阅读推广活动的有效开展，因此应该增加反馈机制和图书馆与读者的互动沟通，在此基础上更进一步地推动阅读推广活动的开展，构成一个循环的过程。[①]阅读推广活动不是一次活动完成就结束，它是图书馆与阅读活动及读者这三者相互影响促进的过程：图书馆设计阅读活动方案并组织阅读活动，读者参与阅读活动，读者向图书馆反馈阅读活动。广西建设职业技术学院主要通过 QQ 群与学生建立无障碍沟通渠道，图书馆建有 2 个 1000 人的 QQ 群：建院阅读学分咨询交流群，现有学生数 921 人；阅读马拉松群，现有学生 990 人。建有多个 500 人的 QQ 群：同读一本书群 319 人；朗读者群 383 人；书香宿舍 250 人；书香班级 245 人等。这些 QQ 群都是为了开展各种阅读推广活动而申请组建的，在群里关于阅读活动的任何疑惑或疑难都可以在群里或私下找图书馆的老师，也可以在群里与其他同学探讨。在这些 QQ 群里关于阅读话题、阅读推广活动话题可以畅所欲言。正因为给学生这样的便利的沟通渠道，学生在阅读推广活动产生的好主意、点子以及活动存在的问题都会被提出来，及时沟通修正并创新，阅读推广活动才会更贴近学生的需求。在 QQ 群里，对学生的阅读需求跟踪、阅读兴趣培养、阅读方法引导、阅读体验分享等都能方便进行反馈及沟通。通过建设有效的沟通渠道和反馈机制，阅读推广活动才能紧跟时代读者阅读习惯的变化趋势，不断拓展内容，改进形式，在创新中为阅读推广活动注入活力，从而培养学生良好的阅读习惯。

---

① 李迎. 高校阅读推广活动评估机制构建与研究 [J]. 图书馆工作与研究，2018（11）：124-128.

后　记

写到这里，本书基本完成，谁又会想到我会把工作实践后的内容总结写成一本书。阅读推广工作也是如此，不去做永远也不会知道这种阅读活动会得到学生的喜爱，即便失败也会给你下一次阅读活动带来思考，我校图书馆阅读推广工作一直都在线。

《高职院校阅读推广活动实践研究》是以广西建设职业技术学院近三年来开展的阅读活动为基础写作而成，难免存在以偏概全。全国高职院校开展阅读推广活动成功案例比比皆是，许多优秀案例都值得我们学习借鉴。我校阅读推广活动也是在借鉴其他高校开展的阅读活动基础上开展的。

本书中提到的所有阅读活动都得到了广西建设职业技术学院图书馆全体同仁的大力支持，尤其是图书馆领导卢儒珍副馆长、张世金馆长，一线员工对阅读推广的热情能得到馆领导的指导和支持，这是工作中的幸福。感谢图书馆马南湘老师、唐清老师、秦国宾老师、黄小华老师、周玲秀老师、吴思妍老师、苏亚莉老师、黄晓老师、唐玉辉老师、肖菲老师等，他们在本人开展阅读推广活动中给予不遗余力的协助。

本书能出版感谢家人的鼓励和支持，孩子虽小，需要母亲的陪伴，本人在开展阅读推广活动中经常晚上九、十点钟在网上回答学生各种关于活动或阅读的问题，这时孩子的父亲都会给予支持，主动陪伴孩子入睡。在写作本书的过程中，为避免孩子打扰到我，家人主动带孩子出去玩耍，给我留下安静的空间。

由于本人学识浅薄，书中如有错误失当之处，还望专家学者指正，望读者见谅。